はじめの1冊！

まねして書ける
企画書
提案書
の作り方

齊藤 誠 著
Makoto Saito

日本能率協会マネジメントセンター

はじめに

「企画書を書かなければならないけど、どうしたらいいだろう」「なかなかうまく企画書が書けない」と悩んで、この本を手に取っているようでしたら、もう心配は要りません。この本を見ていただければ一定レベルの企画書は書けます。

この本は第1章から第5章までありますが、おのおの独立していますので、まず第1章を読み、後は必要な部分を見ていただければ結構です。

第1章では企画書を作成するにはどのようにしたらよいか、また企画書の基本構成について7つのステップに分けてやさしく書いています。多分15分もあれば読むことができます。ステップ1から順に読み、まずこれをしっかりと頭に入れてください。

第2章では企画書の基本構成に応じて、よく書かれる文例を挙げています。「表題や表紙はどのように書くか」「どんなタイトルにしようか？」「『戦略』と『戦術』」はどのように書くとよいか」などと迷われているようなら、ここを見て、必要なパーツを使用してください。

第3章では社内行事やマーケティングの企画事例を50掲載しています。すぐに企画書を書かなければならないなら、第1章を読み、その後で自分が書こうとしている企画書のテーマに近い事例を探し、フォーマットや構成はそのまま利用して、内容を変え

て書いてください。最初は「まね」でよいのです。

　紙面の都合上ほとんどの事例はＡ４用紙１ページの体裁にしていますが、第４章の「２．文字のレイアウトを整える」を参考にして、複数枚の企画書にレイアウトを変更することもできます。

　また、時間があれば、企画事例を10ほど見ていただくとよいでしょう。企画書とはどんなものか大体頭に入るはずです。

　第４章ではパソコンを使って、企画書を見やすくしたり、インパクトを与える方法を見せています。企画書の商品価値を上げるためにはこの章を見てください。

　第５章では、企画書が採用されるためにはどのようなことに気を付けるべきか、またどんな方法があるかなど、私のこれまでの経験を踏まえて重要だと思うことを述べています。少し時間のある方は第１章とこの第５章を読み、その後で企画書事例を見ながら作業されることをお勧めします。企画書は書いただけでは価値を生みません。採用され、実施されて始めて価値が出ます。第５章でそのための方法を学んでください。

　どんな習い事でもまず基本形を繰り返し練習して身に付け、その後自分の個性を発揮するようにしますが、企画書でも同様です。最初は手本となる企画事例を見て、まねてください。それを繰り返すことで、自然と企画書を書けるようになります。後は依頼者の要望や、自分の個性を入れて企画書をアレンジするようにします。これが企画書上達の秘訣です。

＊　＊　＊　＊　＊　＊　＊　＊　＊　＊

私は、大学を卒業して広告会社に入り、すぐに営業に配属されました。その当時はマーケティング局という企画専門のセクションがあり、得意先からの依頼があればそこで企画書を作成してもらえました。

　しかし、私はできるだけ自分で企画書を書くようにしました。得意先の考えていることや悩みは、営業として毎日会っている自分が一番知っていると思ったからです。約9年間その会社に在籍しましたが、この期間での企画書修行が私の原点だと思っています。その後外資系の広告会社に入り、12年間企画営業としてプロデューサー的な仕事をしましたが、ここでも企画書は自分で書いていました。つたない英語力でしたが、英文で企画書を書くことで論理力が養われたと思っています。

　その後も企画に携わり、これまで40年近く、大小取り混ぜて1000近くの企画書を書いてきたと思います。今でも自分で企画書を書いていますし、またスタッフの企画書作成の手伝いをしていますが、まだまだ勉強だと思っています。

　この本は企画書の初心者を対象として、できるだけやさしく、実践的な内容を心がけました。できるだけ私の経験してきたことを皆さんにお伝えしたいと思いこの本を書きました。

　2010年2月

齊藤　誠

はじめの1冊！　まねして書ける企画書・提案書の作り方◎目次

はじめに ……………………………………………………………… 3

第1章　企画書作成の7ステップ

1. 企画書作成の7ステップとは ………………………………… 12
2. Step1. どんな企画書を書くのかを考える ……… 14
3. Step2. 作成スケジュールを立てる ………………… 16
4. Step3. 企画書のフォーマットを決める …………… 18
5. Step4. 基本構成を知る ………………………………… 20
6. Step5. 仮説と構成を考える …………………………… 22
7. Step6. 情報を入手する ………………………………… 24
8. Step7. 課題解決方法を考える ……………………… 26

コラム▶1 企画は「実施」され、よりよい企画書となる …… 28

第2章　文例で学べる企画書のパーツ

1. 「表紙」の書き方 ………………………………………… 30
2. 「タイトル」の書き方 …………………………………… 32
3. 「背景」の書き方 ………………………………………… 37

④「目的」の書き方 ……………………………… 42
⑤「戦略」の書き方 ……………………………… 46
⑥「実施計画」の書き方 ………………………… 51
⑦「スケジュール」の書き方 …………………… 56
⑧「費用」の書き方 ……………………………… 58

第3章 事例でわかる企画書作成のポイント

事例の見方と活用のし方 ……………………………… 62
事例① 社内改善 **オフィス環境改善** …………… 64
事例② 社内改善 **CRM推進室の設置** ………… 66
事例③ 社内改善 **発注制度の改善** ……………… 68
事例④ 社内改善 **社員満足度調査** ……………… 70
事例⑤ 社内改善 **コストカット提案** …………… 72
事例⑥ 社内改善 **ダイバーシティ推進** ………… 74
事例⑦ 社内改善 **社内資料整備** ………………… 76
事例⑧ 社内改善 **ホームページ改善** …………… 78
事例⑨ 教育・研修 **新入社員研修** ……………… 80
事例⑩ 教育・研修 **海外研修** …………………… 82
事例⑪ 教育・研修 **中堅社員セミナー** ………… 84
事例⑫ 教育・研修 **講演会** ……………………… 86
事例⑬ 教育・研修 **スキルアップ研修** ………… 88

事例	カテゴリ	タイトル	ページ
14	社内行事	周年行事	90
15	社内行事	社内懇親パーティ	92
16	社内行事	社内報	94
17	社内行事	防災訓練	96
18	商品・サービス開発	新規事業開発	98
19	商品・サービス開発	新製品開発	100
20	商品・サービス開発	出版企画	102
21	商品・サービス開発	ブランド開発	104
22	商品・サービス開発	商品改善	106
23	販売促進	販促キャンペーン	108
24	販売促進	オープン懸賞	110
25	販売促進	デモンストレーション販売	112
26	販売促進	サンプリング	114
27	販売促進	ディスプレイ	116
28	販売促進	販売促進ミックス	118
29	販売促進	Webプロモーション	120
30	広告企画	広告キャンペーン	122
31	広告企画	新聞広告	124
32	広告企画	雑誌広告	126
33	広告企画	テレビ広告	128
34	広告企画	交通広告	130
35	PR	新規オープンPR	132
36	PR	パブリックリレーションズ	134
37	イベント	流通サポート	136

事例 38	イベント	イベント協賛	138
事例 39	イベント	展示会参加	140
事例 40	デザイン・制作	キャンペーンデザイン	142
事例 41	デザイン・制作	テレビCM	144
事例 42	デザイン・制作	商品カタログ	146
事例 43	CRM	DM通販	148
事例 44	CRM	販促DM	150
事例 45	CRM	カスタマーサービス	152
事例 46	CRM	Web調査	154
事例 47	調査	グループインタビュー	156
事例 48	調査	ヒアリング調査	158
事例 49	総合企画書	マーケティング計画	160
事例 50	総合企画書	事業計画	164

コラム▶2　1日10分のThinking Time ……… 168

第4章 企画書をグレードアップする方法

1. パソコンソフトを使いこなす ……… 170
2. 文字のレイアウトを整える ……… 174
3. テンプレートを利用する ……… 178
4. オートシェイプや作図機能を駆使する ……… 182
5. ユニークな打ち出し方をする ……… 186

第5章 企画書を通す12の方法

1. 企画書が採用されるための条件を知る ……… 192
2. 企画を採用する相手は誰かを知る ……… 194
3. オリエンテーションに集中する ……… 196
4. 巧みな情報収集法を知る ……… 198
5. 情報をむやみにつめこまない ……… 200
6. アイデアをひねり出す方法を知る ……… 202
7. "動いて"アイデアのヒントを探す ……… 204
8. 説得の手法を知る ……… 206
9. 5つの視点で見直す ……… 208
10. プレゼンテーションの前後で気を抜かない ……… 210
11. 熱意を感じさせる ……… 212
12. 戦略的妥協もしよう ……… 214

おわりに ……… 216

第 1 章

企画書作成の7ステップ

1 企画書作成の7ステップとは

企画書の原則と効率的な進め方をまとめると7つのステップに分類できる。まず15分、この7ステップを順に追って行こう。企画書の全体像と、作成の進め方がわかるはずだ。

ポイント1 企画書とは

　企画書とは、問題や与えられた課題に対して、それを解決する具体的な方法を書いたものだ。

　企画書はいろいろな呼び名を持っている。「提案書」「計画書」あるいは「レポート」などとタイトルが付けられる場合もあるが、全て同じものと考えてよい。社内コスト低減のためのムダを省くための提案や社内コミュニケーションの円滑化を図るための提案など身の回りの問題解決はもちろん、新商品の開発や広告宣伝のための企画などマーケティング上の企画、さらに新規事業計画や経営計画など、経営上の課題解決など企画書の範囲は幅広い。

ポイント2 企画書作成の方法論

　これまで企画書を書く機会のなかった人や、書きなれていない人は「企画書」と聞くと身構えてしまうかもしれない。何を書いてよいか、どんな形式で書くのかさえもわからないということも

あるだろう。しかし、企画書に書くべき内容は決まっており、形式もある程度は定まっている。そこで、企画書の原則を理解すれば初心者でも企画書はすぐに書ける。また、企画書を効率的に書くための方法論もある。これを理解すれば、上司や得意先から企画書の依頼を受けても簡単に企画書作成を進めることができる。これらをまとめた企画書の原則と効率的な進め方が「企画書作成の7ステップ」だ。これを読めば誰でも一定レベルの企画書が書けるようになる。

図1-1 企画書作成の7ステップ

最低限この7ステップを読めば、企画書とはどんなものか、また企画書作成のプロセスがわかる。

- **Step1.** どんな企画書を書くのかを考える ………… P14
- **Step2.** 作成スケジュールを立てる ………… P16
- **Step3.** 企画書のフォーマットを決める ………… P18
- **Step4.** 基本構成を知る ………… P20
- **Step5.** 仮説と構成を考える ………… P22
- **Step6.** 情報を入手する ………… P24
- **Step7.** 課題解決方法を考える ………… P26

Step1. どんな企画書を書くのかを考える

あなたが書く企画書の分量は？ 内容は「戦術的企画書」か「戦略的企画書」か。まずそれを知ろう。

ポイント 1 企画書の分量の目安を知ろう

　上司や得意先から「○○○について、企画書を出してくれ」と言われたら、まずどの程度の企画書にするかを考えよう。例えば上司から「最近社内コミュニケーションが悪くなっている。社内コミュニケーションの円滑化を図るための提案を考えてくれ」といわれたら、どんな企画書を書けばよいのだろうか。この場合は与えられた課題が明確であり、上司の求めている内容は具体的な実行策だ。このような場合は、通常２～３枚の企画書でよいだろう。

　また、得意先から「新商品の企画アイデアを考えてほしい」と依頼されたらどうだろうか。この場合は既存の商品の分析、消費者ニーズやトレンド、競合の分析など行い、それを土台に企画書を書かなければならない。そこで、分析部分を含めると企画書の枚数も10枚以上、多い場合は50枚～100枚になることもある。

ポイント 2 「戦術的企画書」と「戦略的企画書」

　実行案を中心とした企画書は「戦術的企画書」と呼ばれ、状況分析などを含む企画書は「戦略的企画書」と呼ばれている。

自分が書くべき企画書はどちらの企画書か、まず考えよう。「戦術的企画書」なら自分ひとりで2週間もあれば書けるが、「戦略的企画書」の場合は1カ月程度の時間がかかることが多い。また、自分ひとりだけでなく、何人かのスタッフとの共同作業となることもある。

図1-2 戦略的企画書と戦術的企画書

あなたが求められている企画書は、どちら？

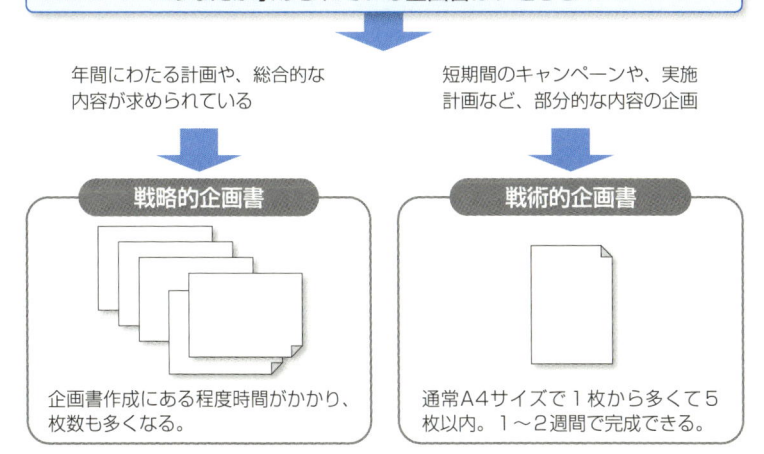

年間にわたる計画や、総合的な内容が求められている

短期間のキャンペーンや、実施計画など、部分的な内容の企画

戦略的企画書
企画書作成にある程度時間がかかり、枚数も多くなる。

戦術的企画書
通常A4サイズで1枚から多くて5枚以内。1～2週間で完成できる。

総合的な「戦略的企画書」
年間の販売企画や、事業計画などでは、さまざまなデータや状況をしっかりと把握し、問題点をじっくりと考え、課題を抽出し、解決方法をいくつか考え出す。この場合、情報の収集や分析を綿密に行い、企画書作成にはある程度時間がかかる。企画書の枚数も50枚から多いときには100枚になることもある。

部分的な「戦術的企画書」
セミナーの企画や、新商品発売の企画など、規模が小さく短期に何かを実施するための企画書は、現状分析よりもアイデアと実施計画が重視される。これは「戦術的企画書」と呼べる。「戦術的企画書」は短いものならA4で1ページでよい。添付の資料を入れても4～5枚が妥当と言える。

3

Step2.
作成スケジュールを立てる

企画書の提出までの期間は戦術的企画書では２週間確保すること。戦略的企画書なら１カ月はほしい。「できるだけ早く」と言われても、「では１週間で」などと安易に答えてはいけない。

ポイント 1 提出期間は最低２週間確保する

　企画書を依頼されたらその提出期限をまず確認する。簡単な戦術的企画書でもブリーフィングを受けてから２週間はほしい。企画書を書くだけならば２～３日で足りるが、企画をまとめる前に資料や情報を読み込む時間が必要となるし、資料・情報集めが必要な時も多々ある。また関係会社や協力会社と実施の事前打ち合わせを必要とするケースもある。たいていの場合は企画には費用見積を添付する。外部協力会社に見積を出してもらうためには２～３日は最低必要だ。企画提出のために最低２週間は確保しておく。また、戦略的な企画書なら１カ月はほしい。

ポイント 2 提出期限から逆算してスケジュールを作る

　２週間の提出期間をもらったら、時間の配分をする。資料・情報の量や、関係会社・協力会社等との打ち合わせなどを考えて大まかなスケジュールを立てる。

　企画書の構成に１日程度、資料・情報の読みこみと整理に３～

4日。そして企画と企画書の書きこみに3〜4日。修正・校正に2日が目安だ。企画書だけに集中できればよいが、他の業務もあるはずだ。また突発的な問題がおこれば、すぐに2〜3日は消える。1週間くらいでは中途半端な企画しか提案できないのである。

図1-3 スケジュールの立て方

戦術的企画書なら2週間

基本的な考え方は、どんな作業が必要かを考え、提出日から逆算してスケジューリングする。
右の例を見てみよう。土日をはさむと2週間といっても実質は10日ほどしかないことがわかるだろう。スケジュールを立てるときは、予備日を設けておきたい。

戦略的企画書なら1カ月

戦略的企画書だと1カ月は必要用だ、得意先から新製品の発売のキャンペーン企画を頼まれたとする。その新製品の理解のための勉強、調査資料の読み込みなどをはじめ、新製品の発売キャンペーンならどんな媒体でどんな広告をするかはもちろん、クリエイティブの提案もしなければならない。まともなデザイン案を作るなら最低1週間から10日はクリエイターたちに時間を与える必要が出てくる。媒体の実施案を作るにせよ、クリエイティブ案を作るにせよ、その前に全体のキャンペーン戦略の方針を決めなければ作業に入れない。

■戦術的企画書作成のスケジュール例

日程		作業内容
1日目	水	企画構成
2日目	木	資料収集・外部打ち合わせ等
3日目	金	資料収集・外部打ち合わせ等
4日目	土	
5日目	日	
6日目	月	資料整理・分析
7日目	火	企画作業
8日目	水	企画書作成
9日目	木	企画書作成
10日目	金	修正・校正
11日目	土	
12日目	日	
13日目	月	仕上げ・最終チェック
14日目	火	企画書提出

■戦略的企画書作成のスケジュール例

日程		作業内容	日程		作業内容
1日目	水	企画構成	16日目	木	企画作業
2日目	木	資料収集・外部打ち合わせ等	17日目	金	企画書作成
3日目	金	資料収集・外部打ち合わせ等	18日目	土	
4日目	土		19日目	日	
5日目	日		20日目	月	企画書作成
6日目	月	資料整理・分析	21日目	火	企画書作成
7日目	火	資料整理・分析	22日目	水	企画書作成
8日目	水	資料整理・分析	23日目	木	企画書第1次案完成・チェック
9日目	木	企画作業	24日目	金	企画書修正
10日目	金	企画作業	25日目	土	
11日目	土		26日目	日	
12日目	日		27日目	月	企画書第2次案完成・チェック
13日目	月	企画作業	28日目	火	仕上げ・最終チェック
14日目	火	企画作業	29日目	水	予備日
15日目	水	企画作業	30日目	木	企画書提出

4

Step3.
企画書のフォーマットを決める

企画書のフォーマットはA4のタテ、ヨコどちらでもよい。受け手の都合や提出先の都合によって、臨機応変に対応する。

ポイント 1 タテ型か、ヨコ型か

　社内に提出する企画書では、もし社内フォーマットが決まっていればそれに従い、タテ型かヨコ型かを決めればよい。決まっていなければ、タテ型かヨコ型かはどちらでもよい。一般的に社内の上司やマネジメント層に提出するときはタテ型が多い。また稟議や回覧されることが多いときもタテ型がよい。どちらの場合もMicrosoftのWordを使って作成するとよい。一方社外に提出する企画書で、図表やチャートなどを含む場合はヨコ型が多い。この場合はMicrosoftのPowerPointを使用して作成すると便利だ。

ポイント 2 フォーマットは受け手の状況によって考えよう

　タテ型かヨコ型かは企画書の提出先の状況によっても違ってくる。たとえば1人の上司（または得意先）に提出し、後は稟議に回される場合はタテ型でよい。

　しかし、プレゼンテーションで企画書が披露され、受け手が多い場合はOHPやプロジェクター（PC）を使用することも多い。この場合はヨコ型で、遠くからも見やすいように1ページに入れ

る文字数も少なくしよう。要点だけを整理して書くとよい。プレゼンテーションなら口頭で詳細をフォローできるからだ。反対に企画書が稟議に回されるようなときは、きっちりと書き込まないと内容が伝わらない。

図1-4 タテ型企画書とヨコ型企画書

サイズはA4が基本

サイズは社内外を問わずA4版にしよう。ビジネス文書の紙のサイズはA4が一般的で、受け手が整理やファイルしやすいからだ。スケジュールや資料などA4で収まらないものがある場合は、A3にして、A4サイズに折りたたむ。

▼タテ型企画書

平成○○年○月○日

人事部長殿

人事課教育担当　林　一郎

200X年　新入社員研修計画

1. 本年度の課題
xxxxxxxxxxxxxxxxxxxxxxxxxxx
2. 研修目的
xxxxxxxxxxxxxxxxxxxxxxxxxxxxxxxxxxxxxxx
3. 戦略
xxxxxxxxxxxxxxxxxxxxxxxxxxxxxxxxxxxxxxxx
xxxxxxxxxx

▼ヨコ型企画書

日和化学株式会社御中

「セーフクリン」新発売キャンペーン
実施企画

平成○○年○月○日
株式会社大手広告

1 キャンペーンの目的

①購買対象者の間での認知度を高める

②流通での認知を高め、取り扱いを促進する

2 キャンペーンコンセプト

100%天然原材料なので肌に安心,

環境にも安心。

しかも今までにない，きれいな汚れ落ち

3 キャンペーン戦略

1TVスポットを主とし、新聞広告でサポート、
イベントも実施

①キャンペーン対象者
メイン対象者は30代以上主婦
カンド対象者は流通関係者
②キャンペーン期間
○○年 5月1日～5月末
③エリア
関東地区

5

Step4.
基本構成を知る

一般的に、ほとんどのような企画書でも4つのパートから構成されている。①「背景」（前提、与件の場合もある）②企画の「目的」③目的を達成するための「戦略」④「実施計画」である。

ポイント 1 「背景」

「背景」とは、問題や依頼が起因した理由、またはこれを取り巻く内的、外的要因をまとめた部分だ。また自主的な提案ではなぜこの提案をするのかの理由を書く。背景の部分は「戦術的企画書」では除外されることがある。依頼者から背景についての説明があった場合や何らかの合意がある場合のほか、要望がすでに明確に示されている場合などでは目的から始めてもかまわない。

ポイント 2 「目的」

「目的」は、この企画で何を達成するかを簡潔に書く。数字的な達成目標がある場合は「売り上げ120％を目標とする」など、目標数値も入れよう。

ポイント 3 「戦略」

「戦略」は、目的を達成するための基本的な設計図。誰を対象

に、いつ、どこで、おもにどんな手法をとるのかを書く。たいていの場合、解決の手法はいくつかあるが、どの手法をとれば一番効果的、経済的であるかを示す。「調査企画」「デモンストレーション販売」など実施計画だけを提案をするような場合は「戦略」部分を省くこともある。

ポイント 4 「実施計画」

「実施計画」は「戦術」と言い換えてもよい。「戦略」の具体的な実行方法を書く。実施計画ではスケジュールや費用を忘れてはならない。

ポイント 5 枚数にかかわらず構成は同じ

1枚の企画書でも数10ページの企画書でも、ほとんどこの4つの構成に変わりはない。それぞれのパート分量が増えるだけだ。年間計画のような総合企画書では、市場や製品・サービスの状況、また現在では社会的環境まで緻密な分析が必要とされ、その分析や問題点、機会の抽出に多くのページが費やされる。目的や戦略はできるだけ簡潔にまとめるが、実施計画は1年間だから、内容、スケジュールや費用などを入れると結構な分量になることがある。

図1-5 企画書の構成 基本4要素

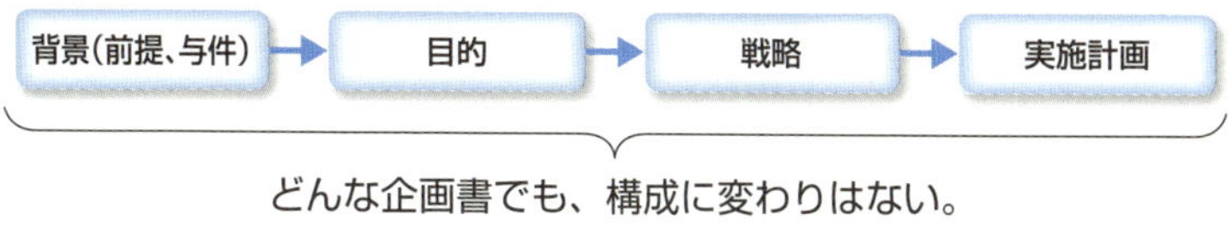

背景(前提、与件) → 目的 → 戦略 → 実施計画

どんな企画書でも、構成に変わりはない。

6

Step5.
仮説と構成を考える

基本構成がわかったら、課題解決の仮説を考えよう。
仮説と構成が決まれば、企画書はほぼ半分できたといえる。

ポイント 1 仮説を立てる

　例えば、社内パーティーの企画を上司から頼まれたとしよう。「4月の1週に、社員対象に創立20周年の記念パーティーを企画しろ。斬新なもので予算は1人3万円程度」と言われる。そこで考えてみる。「会場は本社講堂が使える。あそこなら社員全員が入っても十分だ。日ごろの内助の功を考えて家族も呼んで、楽しいパーティー形式とし、あまり堅苦しくない社長のお話から始まり、アトラクションがあり、ゲームとオークションをやってお土産を渡そうか」などアイデア＝仮説を思い浮かべる。

　また、「男性サラリーマンを対象とした化粧品で、予算が3,000万円以内の広告キャンペーン企画。エリアは東京。期間は来年3月1カ月間」というブリーフィングを得意先から受けたとしよう。「この程度の予算だとテレビ広告はちょっとムリだ。サラリーマンに限定すれば新聞と交通広告を組み合わせた広告が一番効果的ではないだろうか。」などと漠然と考えてみる。

第1章 企画書作成の7ステップ

ポイント 2 構成を考える

　仮説が浮かんだら、実施案までつながるおおよその構成を考える。

　社内パーティーの企画なら、「『背景』部分は上司からの依頼内容を要約して書けばよいだろう。『目的』にはどんなことを書こうか。実施計画だから、あえて『戦略』部分は要らないだろう。また、『実施計画』では仮説内容を検証して、できるだけ具体的な内容を書こう。何かスローガンのような言葉があってもいいな。最後に費用と準備スケジュールを書けばよいな」などと構成を考えてみる。

図1-6 構成案を作るプロセス

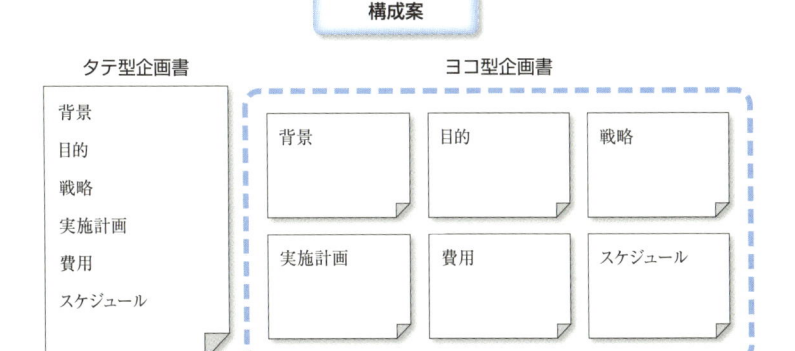

仮説 → 構成案

タテ型企画書
- 背景
- 目的
- 戦略
- 実施計画
- 費用
- スケジュール

ヨコ型企画書
- 背景
- 目的
- 戦略
- 実施計画
- 費用
- スケジュール

- おおよその構成が決まったら、タテ型ならWordにタイトルだけを入れておこう。
- また、ヨコ型なら、Power Pointの各ページにタイトルを入れておく。

Step6.
情報を入手する

企画実行を裏付ける情報と、企画を説得力あるものにする情報、この2つの情報は必ず集めたい。

ポイント 1　3つの情報

　企画書を作成するためには情報が不可欠だ。企画に使われる情報は3つに大別できる。①企業や商品を取り巻く環境に関してのマクロ的情報。これは公官庁や各種研究機関、あるいは新聞、雑誌、書籍などの刊行物が代表的。②企画内容の基本や補強となる情報。たとえば調査データや専門紙誌、実地踏査やインタビューなど。③企画を実行するための必要情報。広告なら新聞やテレビの料金や掲載条件など。懸賞広告なら公正取引委員会の規制。また各種見積りや実施条件などがこれにあたる。情報というと①と②の部分だけを考えがちだが、実践的な企画書では実は③の情報が最も必要とされる。

ポイント 2　情報の選択

　「戦略的企画書」ではマクロ的情報を抜かして企画書は成立しない。例えば多店舗化戦略などの場合、経済成長率、消費者動向さらに地価予測や今後の道路、鉄道施設予定なども考慮する必要がでてくる。

しかし、日常のビジネスで求められる企画書は「戦術的企画書」が多い。この場合にはマクロ的状況分析に時間と労力を使わないほうがよい。依頼者が望んでいるのは今ある環境の中でもっとも適切な"現状打開"のための方策と実施案なのだ

②の企画内容や補強となる情報は「戦術的企画書」でも必要とされる。例えば、車の"ニューモデル発表会"の企画ならば、モデルの詳細情報、購入対象者の情報、競合他社モデルの情報がなければ企画のコンセプトを立てられないし、実施計画が書けない。ここで情報分析を怠ったり情報の分析を誤ると企画書は説得力を持たない。

企画は実施が前提だ。どんなに優れた提案でも実施を裏付ける情報があいまいなら採用されない。例えば、予約状況も調べずにホテルでイベントを行う企画を立て、手配の段階ですでに1年先まで予約で埋まっていたとすれば企画は実施できない。

図1-7 情報の種類と必要性

マクロ情報
企業や商品などを取り巻く状況、市場や競合などを分析するための情報

企画補強情報
企画に説得力を持たせる情報

実行必要情報
実施条件や見積りなど、企画実行を裏付ける情報

戦略的企画書 ／ 戦術的企画書

8

Step7
課題解決方法を考える

「企画書とは、問題や与えられた課題に対して、それを解決する具体的な方法を書いたものだ」と述べたが、では解決する方法をどのように発見するのだろうか。解決発見の方法について述べよう。

ポイント 1 課題が与えられている場合

　例えば「オフィス環境改善のためのデスクレイアウトの変更を提案してくれ」などと課題が明確に与えられている場合は、次のようなプロセスで解決策を考える。

1）現状のレイアウトの問題点を調べる、あるいは、場合によっては社員の希望を把握する。**(問題点の抽出と分析)**
2）問題を解決し、希望を考慮したレイアウトのポイント（例えば、導線を広くとるなど）を考える。**(課題の設定)**
3）ポイントに基づいたレイアウト案を作成する。**(課題解決案の策定)**
4）出来上がったレイアウト案を検証する **(検証作業)**

ポイント 2 課題が不明確な場合

　「オフィス環境改善の提案をしてくれ」というような指示が上司からあった場合は、課題の発見から作業を始める必要がある。

この場合は以下のようなプロセスで考えよう。
1）現状のオフィス環境の問題点を探る。(**問題点の抽出**)
2）問題点はなぜ起こったかなどを分析する。(**問題点の分析**)
3）問題点に対しての改善課題は何かを考える。(**課題の設定**)
4）課題に対しての解決アイデアを発想し、適切と思われるものを選択する。(**課題解決案の策定**)
5）問題点から解決アイデアまでを検証し、妥当性をチェックする。(**検証作業**)

課題が与えられている場合も、与えられていない場合も、考えるプロセスは一緒だ。

問題点の抽出や、課題解決アイデアでは、できれば1人ではなく何人かの情報やアイデアを持ち寄ろう。

図1-8 問題解決のプロセス

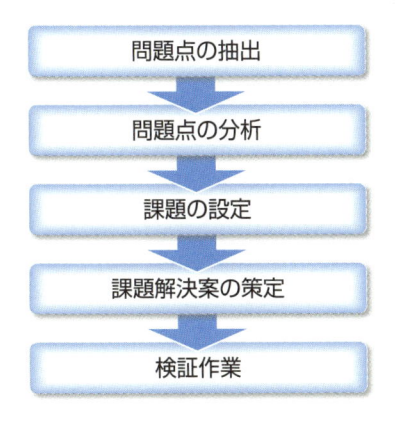

問題点の抽出
↓
問題点の分析
↓
課題の設定
↓
課題解決案の策定
↓
検証作業

コラム▶1

企画は「実施」され、よりよい企画書となる

　私が20代の頃、お菓子メーカーに対して夏に"魚のつかみ取り大会"というイベントが企画されました。広いプールに魚を入れ、子どもたちや保護者に手づかみで魚を捕ってもらう企画です。

　スーパーや小売店で参加申し込みを受けたところ、とても評判がよく、得意先からもとてもよい企画だと褒められたものです。

　当日は心配していた天気も快晴で大勢が参加しました。つかみ取りスタートと同時に子どもはもとより保護者が夢中になり、また主催者のメーカーの方も参加してとても楽しいイベントになりました。

　さて、つかみ取りが終了し、捕った魚はビニール袋に入れて終了。後はお弁当の時間です。しかし、そこで問題が発生。夏の暑い昼にビニール袋に入れられた魚は酸素不足で息も絶え絶えの状態になってしまいました。酸素までは気付きませんでした。大失敗。

　でも幸運なことに、魚を水槽で運搬してきたトラックに予備の酸素ボンベがあり、何とか危機を脱することができました。企画に当たっては屋外でのイベントですので当然雨天の場合の代替案も用意していましたが、酸素までは気付きませんでした。このように企画は実施されて問題が発見され、よりよいものになることがあります。

第2章

文例で学べる
企画書のパーツ

「表紙」の書き方

タテ型の1〜3枚程度なら、通常表紙は付けず、1枚目の上部に日付、宛先、提出者名、タイトルを入れ、すぐに本文へ。ヨコ型の場合は、枚数が少なくても表紙ページが必要だ。

ポイント 1 タテ型、ヨコ型の場合の決まりを押さえる

1．日付

　日付は西暦か元号どちらでもよいが、通常は西暦。官庁や、やや堅い会社なら元号と使い分けるとよい。社内規定があればそれに従う。タテ型の企画書なら右図のように右最上部に入れ、ヨコ型なら、タイトルの下に入れる。

2．宛先

　タテ型なら2行目左寄せで、ヨコ型なら用紙の左上に書く。

社内企画書の場合

1）相手が特定されている時
　(1)「木下幸男様」のように"様"とする。
　(2) タイトルホルダーの場合、「人事部長　木下幸男様」とする
2）役職名のみの場合は"殿"とし"様"とはしない。
　「人事部長殿」、「総務部長殿」、「経理課長殿」など

社外企画書の場合

1）相手が特定されている時

(1)「山手産業株式会社　井上孝男様」のように会社名を付けて"様"とする。株式会社は（株）と略さないこと。
(2) タイトルホルダーの場合も同様に会社名を入れる。
　「山手産業株式会社　人事部長　山崎進様」
2）不特定多数が企画提出対象のとき
　単に「山手産業株式会社御中」とする。

3．提案者名

提案者名は3行目に、右揃えで記入する。ヨコ型なら用紙の下方にセンター揃えで記す。

4．タイトル

タテ型なら提案者名から1行程度空けて、ヨコ型なら用紙の中央に大きめな活字で、センター揃えで書こう。

図2-1　表紙に入れる要素とその配置

▼タテ型企画書の場合

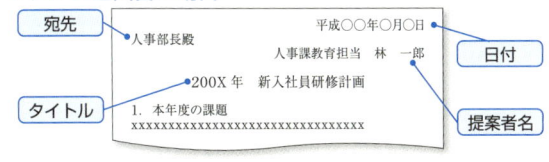

（宛先：人事部長殿／日付：平成○○年○月○日／提案者名：人事課教育担当　林　一郎／タイトル：200X年　新入社員研修計画／1. 本年度の課題　xxxxxxxxxxxxxxxxxxxxxxxxxxxxx）

日付を一番上の行に書き、行間を空けずに差出人まで書く。タイトルは1行空けにすると目立つ。また、本文との間は2行ぐらい空けよう。

▼ヨコ型企画書の場合

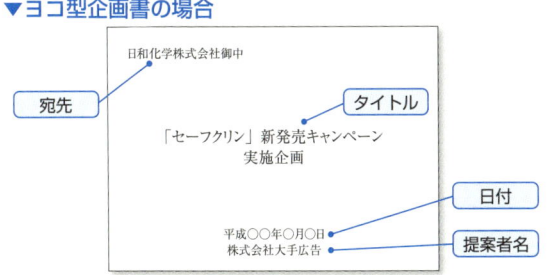

（宛先：日和化学株式会社御中／タイトル：「セーフクリン」新発売キャンペーン　実施企画／日付：平成○○年○月○日／提案者名：株式会社大手広告）

2 「タイトル」の書き方

タイトルは企画書に興味を持たせ、印象付ける大事なポイントだ。文字数はできるだけ20字程度とし、長くなるようならサブタイトルを付けよう。

ポイント1 タイトルは具体的に書く

　タイトルはその企画書が何のために書かれているかを端的に表現している必要がある。短く、内容を明確に表現しなければならない。

【悪い例】
- 「キャンペーン企画書」⇒何のキャンペーンだかわからない
- 「CPO向上のための企画」⇒特殊な英文短縮文字などは使用しない
- 「新規商品開発について」⇒"について"だと、企画書なのか、意見書なのかわからない

【よい例】
- 「ライオンビール　夏季キャンペーン企画案」
- 「コールセンターでのお客様対応改善企画」

ポイント2 本文より大きい文字を使う

　タテ型の企画書なら、本文より1〜2ポイント大きい文字を使

い目立たせる。本文が10ポイントなら、タイトルは12ポイントか14ポイントがよいだろう。

ヨコ型企画書の場合は、最低でも24ポイントは必要だろう。文字数が少なければ40ポイントでもよい。全体バランスの中で考える。

ポイント 3 「企画書」か「提案書」か

「○○○企画書」でも、「○○○提案書」でもどちらでもよい。また、単に「企画」「提案」あるいは「ご提案」と書いてもよいし、その他、「○○○のおすすめ」「○○○戦略」「○○○計画」「○○○展開案」「○○○実施計画」「○○○実施概要」「○○○課題課題解決法」と書いてもよい。

以降、タイトルの文例を見てみよう。

社内人事・教育系タイトル文例

- 人事考課制度改善案
- 人事・賃金制度の見直しに関する提案
- 部課長対象「評定者訓練」実施計画
- 新人事システム導入計画案
- 新人事システム理解促進のための研修企画
- 教育体系構築計画
- 20xx年度新入社員研修計画案
- 20xx年度マネジャー研修企画
- 20xx年度社内セミナー企画
- 中堅社員対象社内セミナー実施提案書
- 「カウンター接客スキルアップ研修」計画
- 「電話応対訓練」実施企画案
- 部課長対象「管理者研修」計画

- 「リーダーシップ養成セミナー」実施計画
- 「効率的会議運営方法」を学ぶセミナー計画
- 社内研修マニュアル開発の提案
- 「危機管理」緊急セミナー実施計画
- 「人財資源」活性化戦略

　一般的に社内では、「提案」「計画」や単に「案」と書かれることが多い。また、何かこれまでにない初めてのことや、新しい内容がある場合には「企画」、あるいは「企画書」とするとよい。

　まだ詳細にいたっていない場合は「新人事システム計画概要」などのように「概要」と付けることもある。

　あるいは、検討のたたき台の場合は「新人事システム導入　検討案」のように「検討案」「素案」「第一次案」などとすることもある。

社内改善等総務系タイトル文例

- 会議活性化のための提案
- OA・情報システム改善計画案
- 顧客情報管理システム構築計画
- オフィスでの全面禁煙についての提案書
- 「顧客第一主義」を実現する顧客窓口設置案
- 「オフィス環境改善」の提案書
- 「セントラルファイリングシステム」導入計画
- 「工場管理・安全衛生」改善計画
- 社外モニター制度導入計画
- 増員に伴うオフィスレイアウト変更計画
- 新社屋移転実施計画案
- 20xx年秋の防災訓練実施案
- 社内報のWeb化に関する提案

社内行事等タイトル文例

- 創立30周年記念行事企画
- 創立100年記念イベント企画
- 創立50周年パーティー実施計画
- 創立50周年社内キャンペーン企画
- 「月例社内懇親会」9月度の企画
- 本年度社内旅行実施企画案
- 8月社内報編集企画
- 新年名刺交換会の企画
- 「本年度永年勤続者式典」実施計画案
- 地域エコ活動参加企画
- 厚木工場と地域の交流計画

事業計画タイトル文例

- 20xx年～20xx年　中期経営計画書
- 20xx年度経営計画書
- 20xx年度経営戦略
- ロジスティックス事業　新規事業計画
- 多店舗展開に関しての中期計画
- 新社屋建設計画
- 海外事業拡大のためのM＆A戦略
- 不採算部門縮小計画
- フランチャイズ展開基本計画案
- 環境教育NPO法人設立計画
- 地方活性化のための新規事業展開

　事業計画の場合は、「計画」あるいは「戦略」という言葉が多く使われる。

マーケティング関連タイトルの文例

- <u>マーキュリー</u>年間マーケティング計画
- <u>ネオライト</u>新商品開発企画
- <u>クラインスター</u>秋のキャンペーン広告展開案
- 春期生徒募集広告計画
- 新製品に関する消費者受容調査企画
- 預金獲得のためのボーナスキャンペーン企画
- <u>那須モーターランド</u>20xx年PR計画
- <u>ナンシー・ナンシー</u>販促ツール企画案

　マーケティング計画のような、商品・サービスなどブランドを対象とする企画については、ブランド名を入れて（上記下線部）タイトルを付けることが多い。また、提出先が得意先の場合もブランド名を明記し、どのブランドに対しての提案かを明確にすること。

③ 「背景」の書き方

通常企画書の最初のパートにくるのが「背景」だ。次の「目的」につながる分析や提案の趣旨などを述べるパートである。

ポイント❶ 目的までの検討のプロセスを述べる

　ここでは次のパートである「目的」にいたるまで、どのような検討がなされたのかを述べる。
　問題や依頼が起因した理由や、問題を取り巻く内的、外的要因などを分析し、まとめた部分と言える。
　一般的には「背景」という言葉でよいが、書かれる内容により、他の言葉を使ってもよい。

ポイント❷ 「現状分析」
　　　　　（「現状の問題点」「現状」「市場環境」）

　マーケティングの企画書などではよく使われる言葉だ。市場環境、消費者商品、競合や流通などの現状を分析し、問題点と機会を抽出し、何が課題かを明確にし、次のパートである「目的」につなげる。本格的な企画書ではさまざまな資料の分析や調査データのサマリーを基にして作り上げる。ページ数も20～30ページになることもある。簡単な企画書なら、箇条書きで問題点をいくつか列挙すればよい。大切なのは事実を明確にすること。憶測で

書いてはいけない。

「現状分析」の文例
■中国市場での新製品発売の例

現状分析
1. 中国では景気は急激に回復しており、本商品のマーケットサイズは3000万人と予測される。
2. 類似商品を扱う競合は未だ少なく、いち早くブランドを確立することにより、市場優位性を持つことができる。
3. 本商品の特性は中国市場では目新しい内容であり、新製品としての注目度は高い。
4. 以上の3点から、次ページ以降の戦略を述べる。

　上記のようなステートメント（短くまとめた文章）には、そのステートメントにいたった理由や調査データなどを付ける。

■ファイリング・システムの改善企画

現状の問題点
1. 情報が個人の所有となり、一般化されていない。
2. 上記理由から、必要な情報入手に時間がかかる。
3. 同様に情報の重複が発生しており、非効率的である。
4. 個人の情報量が多く、保管スペースが多く取られている。また、個人のまわりに紙の情報が散逸しており、オフィス美化の観点からも好ましくない。
5. 情報は資産であるにも関わらず、セキュリティに関しての配慮がない。

■人事考課制度の改革企画

> 当社人事考課制度の現状
> 1．評価基準があいまい
>   業務態度、能力、業績の3つの基準で従来人事考課が行われてきたが、評価基準があいまいで、評定者の判断で人事考課が行われてきた。
> 2．フィードバックがない
>   人事考課後、評定者からのフィードバックが明確な形で行われていない。
> 3．評定者による一方的考課
>   自己申告や、目標管理が行われず、評定者が部下を評価するだけの一方通行である。

ポイント 2 「提案趣旨」（「おすすめ」「提案理由」）

自主提出の企画書によく見られる言葉だ。なぜ提案をするのかの理由を書く。その際簡単にでも現状の分析を加える。

例えば「社内環境の劣化が進んでおり、より健康的な、効率的な業務推進のために『社内環境改善計画』を提案したい」などとし、劣化の現状を箇条書きで述べる。また、「御社の販売チャネルの改善により、より大きな売上が見込めると考えますので、ここにご提案申し上げます」とし、現状の販売チャネルの問題点や課題を列挙する。

「提案趣旨」の文例

■商品企画

> 提案趣旨
> 御社のパーソナルギフト商品は富裕層を対象として、価値ある贈り物として人気があります。そこで、御社の顧客層の分析に基づい

て、当社開発商品をご提案いたします。よろしくご検討の程、お願い申し上げます。

■Web通販

Web通販をおすすめする理由
1. 御社の既存の生産体制をOne-to-Oneに無理なく適用できる。
2. 御社商品は通販商品に必要なユニークネスを持っている。
3. 実施体制を外部委託することにより、リスクを回避できる。
4. イニシャルコストはあまりかからず、テストができる。

■他社とのタイアップ企画（上司への企画）

提案理由
　東京映画社から、映画制作へのタイアップ依頼がありました。
　新進女優の○○を起用し、この冬に上映を予定している文芸大作です。
　当社の着物のPRの絶好の機会であり、当社負担も少ないことから、ぜひ実施したく、ご検討をお願いいたします。

ポイント 3 「与件」「前提」

　上司や得意先から、予め問題点や課題についての分析情報が十分与えられている場合や、依頼内容が明確な場合は、ブリーフィングの内容を箇条書きに整理して書き出す。これは「与えられた情報をしっかりと理解し、それを前提に企画書を書きました」と確認するためだ。

　「与件」や「前提」とする場合は、できれば内容を書き出す前に、自分が整理したことと、上司や得意先のブリーフィングの整合性を確認しておこう。この部分に誤解があると、後の企画内容はムダになる。

「与件」の文例

■広告計画

> 与件
> 1．御社ブランド「ライスクル」は30代女性がメインターゲットである。
> 2．4月1ヶ月間、首都圏でキャンペーンを実施する。
> 3．広告予算は8000万円とする（デザイン表現を含む）。
> 4．展開媒体案と、表現案をご提案する。
> 5．提案期限は5月20日

■社内報の企画

> 前提
> 1．関連20社に配付するグループ報としたい。
> 2．経営の意志を従業員に周知徹底したい。
> 3．従業員相互の理解促進の場としたい。
> 4．最低年間4回の発行とする。
> 5．一定程度のクオリティある体裁と内容とする。

ポイント 4 「背景」を書かない場合とは

「背景」は2〜3枚の「戦術的企画書」では除外されることがある。

例えば依頼者と問題点や課題を話しあい、すでに明確になっている場合や、簡単な実行計画のような企画書には「背景」を書かないで「目的」から書くことが多い。自明のことをくどくど確認せず、解決案だけをシンプルに欲しいというような依頼の場合は、依頼主の要望に合わせて「背景」は除く。

また、グループインタビューなどの調査企画の場合などは、多くは「目的」から始めることが多い。「新製品の市場性について調査をしてほしい」という依頼に「背景」はいらない。

「目的」の書き方

「目的」とは、この企画で何を達成するかを書く部分である。「背景」パートで問題点を分析し、問題を解決するには何をすべきか導き出しそれをできるだけシンプルに書く。

ポイント 1 「目的」と「目標」

　「目的」は何を成し遂げるか、何を達成するかという具体的な事柄を書くことであり、一方「目標」は到達地点を示した言葉で、数値的に表現されることが多い。企画書には「目的」は必要だが、「目標」を書かない時（書けない時）もある。　企画の依頼主から明確に「目的」を提示される場合でも必ず「目的」として依頼内容を書く。

　「目的」に使われる言葉としては、下記のような言葉が多い。

　　〜を達成する
　　〜を獲得する
　　〜を実施する

　また、「目標」は次のように書く。

　　売上○○％
　　目標売上○○○円
　　販売数○○○

　「目的」と「目標」の両方を書く時は、別々に分けてもよいし、

「目的」の中に目標を書いてもよい。

1）別々の例
　　目的：新製品の認知度と理解度の向上
　　目標：認知度60％、理解度30％
2）一緒に書く例
　　目的：新製品認知度60％と理解度30％の達成

「目的」は必ずしも1つに限る必要はない。企画の中で達成すべきことがいくつかあれば、複数になってもよい。ただし、一般的には3つ以内に留めるべきだろう。目的があまりたくさんあると、企画自体が複雑になり、相手に理解されにくくなる。

社内人事・教育系目的の文例

■スキルアップ研修企画

目的
顧客対応スキルを向上させ、お客様満足を高める。

■新入社員研修計画

目的
1．社会人としてのマナーの徹底。
2．当社DNAの理解と、事業内容の理解。

■新人事考課制度の導入計画

目的
従業員のモチベーションを高め、働きがいを実感できる会社とする。

社内改善等総務系目的の文例

■オフィス環境の整備計画

目的
業務効率化の向上と、従業員の健康管理推進

■ホームページ改善企画

目的
①当社認知、理解のより一層の促進
②受注促進

■リスク管理計画

目的
会社資産(人、モノ、金など)の損失防止による、健全性の確保

社内行事等目的の文例

■秋の防災訓練計画

目的
従業員の安全確保と、防災意識の徹底

■社内懇親会企画

目的
多様性を持った社員間の交流による、社内活性化の促進

■創立30周年記念行事企画

目的
①従業員の求心力の一層の強化
②他のステークホルダーへの感謝と、より一層の信頼獲得

事業計画の目的文例

■フランチャイズ事業計画

目的
外部資本を用いての、店舗展開の拡大
目標店舗数初年度100店

■新規事業計画（地域活性化）

目的
地域資源の有効活用による、新しい町づくり

マーケティング関連目的の文例

■自動車外車年間マーケティング計画

マーケティング目標
年間販売台数3万台を達成する。

■化粧品会社新製品発表会企画

目的
新製品xxxxの認知、理解および話題性の獲得

■学習塾の夏期講習キャンペーン企画

目的
夏期講習への興味を呼び起こしと、参加者の拡大
目標：対前年度比20％増

■食品通販企画

目的
当社ブランドの認知向上と、資料請求を獲得する

■テーマパーク「奈良ゆとりの里」のPR企画

目的
「奈良ゆとりの里」の認知向上と、来場客の促進

■クリスマス販促キャンペーン企画

目的
店頭誘客の促進と、商品購入の促進

■信用金庫のセールスプロモーション企画

目的
既存顧客からの定期預金獲得と、新規定期預金顧客の獲得

5 「戦略」の書き方

戦略とは目的達成のための基本設計であり、全体の方向付けだ。「戦略」の代わりに「基本戦略」「基本政策」、あるいは「企画のポイント」「基本方針」などと書く場合もある。

ポイント 1 「戦略」は必要か？

販促企画や、パンフレットの制作企画、社内報の次号の企画などといった小さなテーマの場合は必ずしも「戦略」を書く必要はない。「実施計画」だけで十分だ。あるいは「戦略」として簡単に基本的な方針を書けばよい。

一方、マーケティング企画や、新発売計画、新規出店計画などといった大きなテーマの場合は戦略が必要になる。

「戦略」としては、一般的には以下の6項目を書く。

1) ターゲット
2) 基本コンセプト
3) エリア
4) 期間
5) 主となる課題解決方法
6) 全体予算

ポイント 2 基本コンセプト

"基本コンセプト"とは、この企画全体を貫く「基本的な考え」をできるだけ簡単な文章で表現したもの。例えば、栄養バランスのとれたクラッカーを新発売するとしよう。子供のおやつとして売り出すのか、若年ビジネスマン（ウーマン）を対象とするのか、それにより「基本的な考え」は異なってくる。後者をターゲットとするなら基本コンセプトは「忙しい若者のための、健康を考えた新しい朝食の提案」などとなるだろう。

"基本コンセプト"は企画テーマにより、入れても入れなくてもよい。調査企画書では入れられてない。一方イベントやキャンペーン企画、広告表現などでは入っている。"基本コンセプト"はキャンペーンなどの場合は"キャンペーンテーマ"などと呼ばれていることもある。

ポイント 3 「戦略」と「戦術」

戦略と戦術を誤解しないようにしよう。戦略は骨格となる基本的は考え方や、全体の設計図だ。例えば家を建てる時に設計図を作る。これが戦略に当たる。一方戦術は、大工さんには何を、いつまでに、どうしてもらうか。また左官屋さんには、電気屋さんには…、というように個々の実施プランだ。与えられた資源を有効に配分し、最も効果的な目的達成の方策を立てることが戦略で、戦略に基づき個別に実施する内容が戦術である。

「戦術」は企画書では「実施計画」「実施プラン」「実施策」「行動計画」「実施内容」などと書かれることが多い。

社内企画書 「戦略」の文例

■中堅管理職のリーダーシップ研修企画

基本戦略
1. 今回の対象は入社5年目～10年の営業管理職とする。
2. 2泊3日の集中研修とする。
3. 全国営業所の管理職が集まる機会と捕らえ、相互交流を促進する。
4. 予算は200万円。

■CSR室新設計画

基本戦略
1. リスク管理および、社会貢献活動の推進業務を管轄する。
2. マネジメント直轄の部門とする。
3. 来年4月より、人員4名で発足する。

■防災訓練実施企画

基本方針
1. 全社で防災意識を高めるために、全員参加を基本とする。
2. 訓練中の安全管理を徹底する。

■会社案内制作企画

改定のポイント
1. 見やすさ、読みやすさを大切にしながらも、クオリティあるものにする。
2. 当社の実績を前面に出す。
3. 今後3年程度は継続使用に耐えられるものとする。

■店頭美化キャンペーン企画

基本戦略
1. 店頭美化＝顧客満足の意識付け
2. 習慣化

マーケティング関連 「戦略」の文例

■飲料プロモーション戦略企画

基本戦略
1. メインターゲットは高校生、大学生の男女とする。
2. プロモーション手法は、「べた付け」キャンペーンとする。
3. 展開場所はコンビニを主体とする。
4. 実施期間は6月から2カ月間の期間限定とする。
5. キャンペーン・キャラクターを別途設定する。
6. 予算は4,000万円。

■テーマパークPR企画

戦略
1. 情報誌、週刊誌をターゲット媒体とする。
2. プレスリリースを定期的に発行する。
3. プレスツアーを実施し、テーマパークの魅力を理解してもらう。

■学習塾下期マーケティング企画

基本戦略
1. マーケティング期間は10月～3月とし、特に12月～2月を重点期間とする。
2. 新聞折込広告をメイン媒体とし、重点期間にはTVスポット広告も併せて実施する。
3. 重点ターゲットは小学4年生、5年生の保護者とする。
4. エリアは関東地区。
5. 「相談できる先生」を基本コンセプトとする。
6. 予算は5億円。

■インターネット会員組織新規設立計画

戦略
1. ターゲットはインターネットを利用している60歳以上の熟年男女、特に男性とする。インターネットのため、対象エリアは全国。
2. 入会無料で、特典を与え早期に会員数を拡大する。
3. さまざまな趣味に合わせた、きめ細かな商品・サービス提供を行う。

■ダイレクトメール実施企画

基本戦略
1. 従来にない、ユニークな形状のDMとし、開封率を高める
2. 魅力ある特典を付けて、早期にアックションを起こさせる
3. 対象は40代女性

■オープン懸賞キャンペーン

キャンペーン戦略
1. ターゲットは中学生以上全国の女性
2. 期間は4月1日より5月15日
3. 告知方法は、女性誌への広告およびPR
4. キャンペーンコンセプトは別紙
5. 予算は8000万円

6 「実施計画」の書き方

「実施計画」は「戦略」で定められた課題解決方法についての具体的な実行内容を書く部分。研修なら、集合から解散まで、いつ、どこで、誰が、何を、どうするかの詳細を書く。

社内企画書 「実施計画」の文例

■社内懇親テニス大会企画

実施概略
1. 日時：　6月4日（土）午前11時〜午後3時
2. 会場：　阿佐ヶ谷○○テニスコート（別添地図を参照）
3. 大会内容：事前くじ引きを基にした、ダブルスでのトーナメント形式
4. 賞品：　優勝、準優勝他各賞を設ける
5. 費用：　20万円（参加費1人2000円は含まず）

■1日半のスキルアップ研修企画

1. 研修内容
   【1日目】
   10：00〜12：00　「おもてなしの心とは」　外部講師により講演と討議
   12：00〜13：00　昼食
   13：00〜14：00　「商品説明の方法」　当社製品管理部長

```
14:00～17:00    商品説明ロールプレイング
18:00～20:00    懇親会
【2日目】
10:00～12:00    「当社の接客の問題点について」
12:00～13:00    総括
13:00           解散
```
2．費用　　50万円

■お客様相談室新設企画

実施計画
1．スタッフ構成
   室長1名（スーパーバイザーを兼務）、女性受付スタッフ2名
   計3名
2．相談室オープン時間
   本社勤務時間と同じく　午前10時～午後6時とする。
3．受付内容
   製品に関しての問い合わせ、クレーム全般。
4．受付方法
   Webでの問い合わせを主とする。
5．告知
   製品マニュアル記載のほか、当社広告物に相談室の案内を入れる。

マーケティング関連　「実施計画」の文例

■PR計画

実施内容
1．プレスリリースの作成および、ターゲットメディアへの配信
2．ターゲットメディアは以下のとおりとする
   1）一般紙（朝日、毎日、読売、サンケイ、日経他）

2）一般誌（ビジネス誌、週刊誌など）
3．プレスキットの作成
4．記者懇談会の開催
5．広報担当者へのトレーニング実施
6．インタビュー等のアレンジメント
7．定期PR会議の開催
8．モニタリング、クリッピング

■信用金庫プレミアムキャンペーン企画

実施計画
1）プレミアム内容
　　"安心の食"をテーマに、有機米安心食材をプレゼント
2）実施時期/対象
　　20xx年6月から1年間　/　上記期間に定期預金をしたお客様
3）プレミアム引渡し
　　定期預金成約段階で、希望商品を選択してもらい、宅配で配送。
4）告知方法
　　当社広告媒体（店頭POP、パンフレット、新聞、新聞折込等）
5）費用/準備スケジュール
　　添付

■新製品発表会

1．発表会実施概要
　1）日時：　20xx年9月11日（土）　13：00～15：00
　2）会場：　xxxホテル　鳳凰の間
　3）招待者：　メディア各社（招待者リストは添付参照）
　4）発表会内容：
　　　①社長挨拶
　　　②開発担当者より、新製品に関してのプレゼンテーション

```
         ③質疑応答
2．準備
         ①プレスキット（写真添付）②お土産（新製品パック）
3．スケジュール／費用
 添付
```

　総合的な広告計画などでは媒体ごとに実施計画が必要となり、この部分の枚数がかなりのページになることもある。

■熟年層を対象とした、保険会会社のロイヤリティ・キャンペーン

```
1．実施概要
　　昭和、平成のヒット曲から、「あなたが安らぐ曲、元気になる曲は何か？」を聞き、応募者の年代別にベスト10を決める。ベスト10曲が決まったら、その曲についての由来や歌手の説明、時代背景などをまとめて小冊子とする
　　＊PR素材としても利用できる。
2．実施詳細
　1）実施時期：　20xx年4月から9月まで、6カ月
　2）対象：　①既存顧客。とくに熟年層。
　　　　　　②新規顧客開拓として利用も可
　3）テーマ：　「健康」「家族」「愛」「元気」「生きる」など
　2）ツール：　昭和、平成のヒット曲を羅列したアンケートカードを作成。
　　　　　　　ライフプランナーがお客様に持参しベスト10を記入してもらう。（音楽ということで、選んだ曲などについてお客様との会話のきっかけづくりとなる）
```

3）懸賞： ①ベスト10を選んだ方から抽選で1000名様に選んだ曲のCDプレゼント。
②応募者の中から抽選で10000名に"キャッチオンライト"をプレゼント （添付参照）
（いつもあなたを照らす！　また、災害や防犯も役立つ小型ライト。バッグの中に入れておこう）
4）抽選：　20xx年10月に抽選会を実施。
5）賞品受け渡し：　原則として、担当ライフプランナーが持参
6）告知：　①当社レギュラー広告内にて告知
②キャンペーンパンフレットを作成。ライフプランナーが手渡し。
7）運営：　キャンペーン事務局を本社内に設置。
8）費用：　概算1000万円（広告費を除く）
9）実施スケジュール：　添付参照

7 「スケジュール」の書き方

縦型の1～2枚の企画書なら、スケジュール部分は文中に列挙すればよい。しかし、複雑なスケジュールや、スケジュールが長期にわたる場合や、横型の企画書なら、表組みにする。

「スケジュール」を文中に列挙した例

■社内報作成企画

```
制作スケジュール
 3月4日          制作会議(編集内容討議と決定)
 3月5日
   ～            取材・記事おこし
 3月25日         制作会議(記事内容の検討)
 3月26日
   ～            編集作業
 3月31日
 4月1日          原稿チェック・印刷入稿
```

■雑誌広告企画

```
実施スケジュール
 6月4日    企画プレゼン
 6月5日    媒体手配
 6月6日    広告デザイン開発
   ～
 6月20日   広告デザインプレ
 6月28日   広告デザイン完成・チェック
```

6月28日　広告デザイン完成・チェック
6月29日　広告原稿入稿
7月15日　校正・校正戻し
8月1日　　広告掲載

表組み「スケジュール」の例

■社内報の作成

社内報作業スケジュール

日程	内容	詳細
3月4日	第1回編集会議	特集内容の討議と各自分担確認
3月5日〜3月25日	取材および原稿おこし	特集地方取材。レギュラー分原稿依頼他
3月26日	第2回編集会議	特集記事内容チェック他
3月31日〜4月5日	編集・校正作業	
4月6日	印刷入稿	神谷印刷四谷工場

■広告キャンペーンスケジュール

媒体スケジュール

媒体名	エリア	ビークル	5月	6月	7月
ＴＶ広告	首都圏	日本テレビ	1500GRP	1000GRP	1000GRP
新聞広告	東京本社	朝日新聞	半5段	半5段	半5段
		読売新聞	半5段		半5段
雑誌広告	全国	週刊文春	4C/1P		4C／1P
		週刊ポスト	4C/1P	4C／1P	
交通広告	中吊	JR	一期		一期
		東急東横線		一期	

8 「費用」の書き方

簡単な企画書なら、スケジュールと同様に、文中に列挙してよい。費用の明細が長くなる場合や、ヨコ型の企画書の場合には、表組みにすると見やすい。確定していない場合でも、「概算費用」として入れる。

「費用」を文中に列挙した例

■新人研修

費用
1．講師謝礼　3時間　　　　　　　　100,000円
2．テキスト等ツール作成費　　　　　150,000円
3．懇親会費用（30人×7,000円）　　210,000円
　　　　　　　　　　　　　　　　計460,000円

■セントラルファイリングシステム導入

概算費用
1．書架設置、オフィスレイアウト変更費　　200万円
2．整備アルバイト代（2人×5日×8,000円）　8万円
　　　　　　　　　　　　　　　　　　　計208万円
＊費用は現在3社に競合見積もりを依頼中。1週間程度で確定予定。

※概算費用の場合は、どの段階で費用が確定するかも入れる。

■グループインタビュー実施

費用	
インタビュー設計費	¥300,000
グルイン実施会場費　1日	¥70,000
モデレーター費	¥100,000
参加モニター謝金（2組×7人×10,000)	¥140,000
インタビュー集計・分析・報告費	¥200,000
	計 ¥810,000

[表組み「費用」の例]

■キャンペーン企画（アンケートを実施し、回答者に賞品と冊子を発送）

項目	内容	単価	数量	金額
企画費			一式	¥300,000
ツール	アンケート用紙制作	30,000	¥10	¥300,000
賞品代	グルメギフト	100	¥3,000	¥300,000
冊子作成	アンケート60%回収として	18,000	¥25	¥450,000
発送費	封入・印字・発送	18,000	¥150	¥2,700,000
合計				¥4,050,000

■クラブ設立初期費用

1：初期準備費

内容	数量	単価	金額
1）企画・打ち合わせ費	一式		¥300,000
2）簡易データベース開発（別紙参照）	一式		¥700,000
3）事務局設置（ブース設置、電話回線、ネットワーク回線設置など）	一式		¥50,000
4）スタッフ研修費用（1名）	一式		¥50,000
合計			¥1,100,000

2：告知DM 兼 入会案内DM制作・印刷関係費用（想定4000部）

内容	数式	単価	金額
1）入会案内用封筒制作・印刷	一式		¥300,000
2）挨拶状制作・印刷	一式		¥200,000
3）入会案内リーフレット制作・印刷	一式		¥300,000
4）申込書制作・印刷	一式		¥200,000
5）返信用封筒制作・印刷	一式		¥200,000
6）顧客リストデータ化	一式		¥200,000
7）告知DM（入会案内DM）封入・発送			
①ラベル印字・貼り、バルク仕分け、4点封入、発送手配、局出し	4000	¥50	¥200,000
②郵便料金（50g未満）、減額（バーコード5%+バルク18%）	4000	¥69.3	¥277,200
合計			¥1,877,200

3：会員証、規約制作関係費用（想定2000部）

内容	数式	単価	金額
1）会員証（リライトカード）制作・印刷	一式		¥400,000
2）カード台紙制作・印刷	一式		¥200,000
3）会員規約制作・印刷	一式		¥200,000
合計			¥800,000

第 3 章

事例でわかる企画書作成のポイント

事例の見方と活用のし方

企画書事例では「社内改善」や「教育・研修」などからマーケティング関連までさまざまな企画書の書き方を取り上げた。あなたの依頼されたテーマに近い事例を探して参考にすれば、一定程度のレベルの企画書は書ける。

1 状況やポイントを押さえる

　タイトル下の部分は、この企画書がどのような状況で書かれたかを簡単に説明している。社内提案の場合もあるし、社外向けの企画の場合もある。

　また、本文では、企画書の構成や強調すべき点、また企画内容についての重要なポイントをまとめた。あなたが企画書を書く時の参考にしてほしい。

2 事例を参考に内容やレイアウトをふくらませていく

　事例1～48については、内容をできるだけシンプルにしてすべてA4用紙1枚の体裁に収めている。社内企画書などは1ページで十分な場合もあるが、実際にはこの事例を参考に、各項目の内容やデザインを肉付けし、簡単なものでも2～3枚の企画書にしたい。あなたが企画書をほとんど書いたことがなければもちろんこの企画事例をそのまままねてもよい。

　企画書のテーマや内容によって構成を変えることはあるが、慣れないうちは第1章で学んだ企画書の構成をできるだけ守り、順を追って自然に読み進めるうちに全容がわかるという矛盾のない流れを作ることが大切だ。

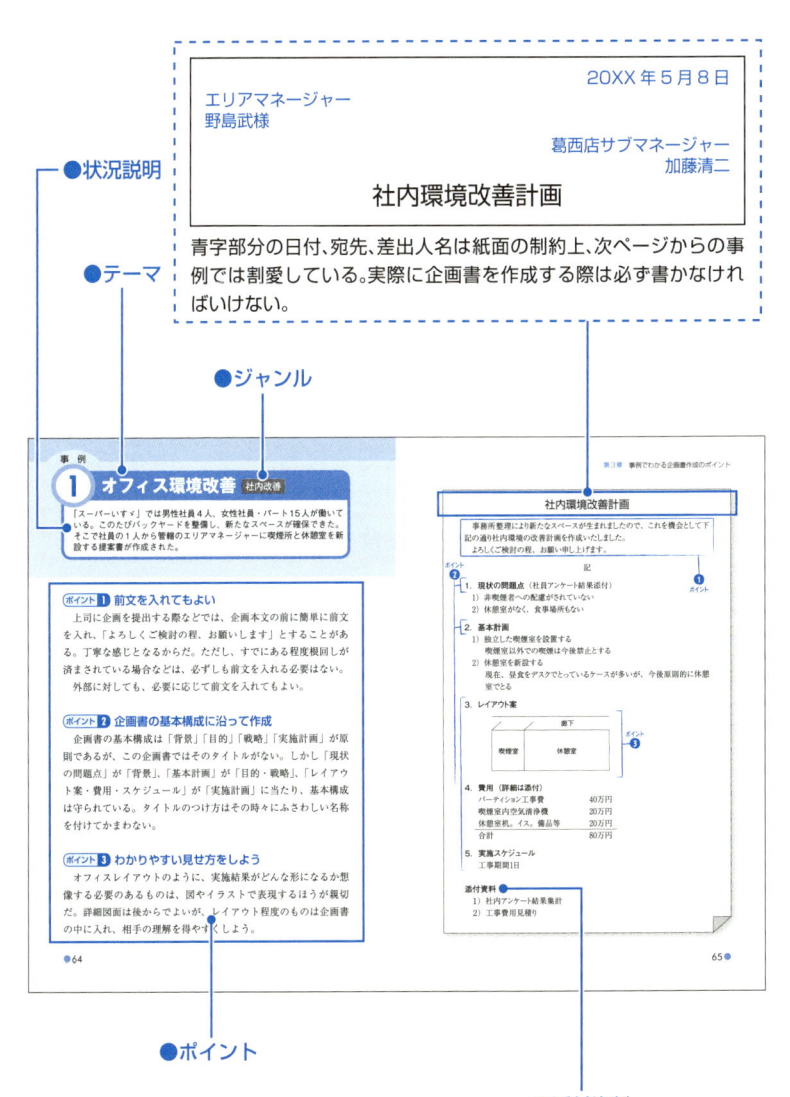

第3章 事例でわかる企画書作成のポイント

● 状況説明

20XX 年 5 月 8 日

エリアマネージャー
野島武様

葛西店サブマネージャー
加藤清二

社内環境改善計画

青字部分の日付、宛先、差出人名は紙面の制約上、次ページからの事例では割愛している。実際に企画書を作成する際は必ず書かなければいけない。

● テーマ

● ジャンル

事例

1 オフィス環境改善　社内改善

「スーパーいす丫」では男性社員4人、女性社員・パート15人が働いている。このたびバックヤードを整備し、新たなスペースが確保できた。そこで社員の1人から管轄のエリアマネージャーに喫煙所と休憩室を新設する提案書が作成された。

ポイント 1 前文を入れてもよい

上司に企画を提出する際などでは、企画本文の前に簡単に前文を入れ、「よろしくご検討の程、お願いします」とすることがある。丁寧な感じとなるからだ。ただし、すでにある程度根回しが済まされている場合などは、必ずしも前文を入れる必要はない。外部に対しても、必要に応じて前文を入れてもよい。

ポイント 2 企画書の基本構成に沿って作成

企画書の基本構成は「背景」「目的」「戦略」「実施計画」が原則であるが、この企画書ではそのタイトルがない。しかし「現状の問題点」が「背景」、「基本計画」が「目的・戦略」、「レイアウト案・費用・スケジュール」が「実施計画」に当たり、基本構成は守られている。タイトルのつけ方はその時々にふさわしい名称を付けてかまわない。

ポイント 3 わかりやすい見せ方をしよう

オフィスレイアウトのように、実施結果がどんな形になるか想像する必要のあるものは、図やイラストで表現するほうが親切だ。詳細図面は後からでよいが、レイアウト程度のものは企画書の中に入れ、相手の理解を得やすくしよう。

社内環境改善計画

事務所整理により新たなスペースが生まれましたので、これを機会として下記の通り社内環境の改善計画を作成いたしました。
よろしくご検討の程、お願い申し上げます。

記

1. 現状の問題点（社員アンケート結果添付）
   1) 非喫煙者への配慮がされていない
   2) 休憩室がなく、食事場所もない

2. 基本計画
   1) 独立した喫煙室を設置する
      喫煙室以外での喫煙は今後禁止とする
   2) 休憩室を新設する
      現在、昼食をデスクでとっているケースが多いが、今後原則的に休憩室で取る

3. レイアウト案

廊下	
喫煙室	休憩室

4. 費用（詳細は添付）
   パーティション工事費　　　40万円
   喫煙室内空気清浄機　　　　20万円
   休憩室机、イス、備品等　　20万円
   合計　　　　　　　　　　　80万円

5. 実施スケジュール
   工事期間1日

添付資料
   1) 社内アンケート結果集計
   2) 工事費用見積り

ポイント 1
ポイント 2
ポイント 3

● ポイント

● 添付資料
添付資料はこの事例では紹介していないが、実際には企画書の最終ページに添付する。

事 例

1 オフィス環境改善 社内改善

「スーパーいすゞ」では男性社員4人、女性社員・パート15人が働いている。このたびバックヤードを整備し、新たなスペースが確保できた。そこで社員の1人から管轄のエリアマネージャーに喫煙所と休憩室を新設する提案書が作成された。

ポイント 1 前文を入れてもよい

　上司に企画を提出する際などでは、企画本文の前に簡単に前文を入れ、「よろしくご検討の程、お願いします」とすることがある。丁寧な感じとなるからだ。ただし、すでにある程度根回しが済まされている場合などは、必ずしも前文を入れる必要はない。

　外部に対しても、必要に応じて前文を入れてもよい。

ポイント 2 企画書の基本構成に沿って作成

　企画書の基本構成は「背景」「目的」「戦略」「実施計画」が原則であるが、この企画書ではそのタイトルがない。しかし「現状の問題点」が「背景」、「基本計画」が「目的・戦略」、「レイアウト案・費用・スケジュール」が「実施計画」に当たり、基本構成は守られている。タイトルのつけ方はその時々にふさわしい名称を付けてかまわない。

ポイント 3 わかりやすい見せ方をしよう

　オフィスレイアウトのように、実施結果がどんな形になるか想像する必要のあるものは、図やイラストで表現するほうが親切だ。詳細図面は後からでよいが、レイアウト程度のものは企画書の中に入れ、相手の理解を得やすくしよう。

社内環境改善計画

事務所整理により新たなスペースが生まれましたので、これを機会として下記の通り社内環境の改善計画を作成いたしました。
よろしくご検討の程、お願い申し上げます。

記

1. **現状の問題点**（社員アンケート結果添付）
   1) 非喫煙者への配慮がされていない
   2) 休憩室がなく、食事場所もない

2. **基本計画**
   1) 独立した喫煙室を設置する
      喫煙室以外での喫煙は今後禁止とする
   2) 休憩室を新設する
      現在、昼食をデスクでとっているケースが多いが、今後原則的に休憩室でとる

3. **レイアウト案**

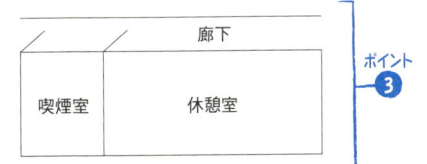

	廊下
喫煙室	休憩室

4. **費用**（詳細は添付）

パーティション工事費	40万円
喫煙室内空気清浄機	20万円
休憩室机。イス。備品等	20万円
合計	80万円

5. **実施スケジュール**
   工事期間1日

添付資料
   1) 社内アンケート結果集計
   2) 工事費用見積り

事例

2 CRM推進室の設置 社内改善

新車販売の日和自動車販売㈱の企画担当者は、お客様との関係強化と将来の乗り換え需要促進をめざして、CRM（Customer Relation Management）推進室を新たに設置したいと考えている。担当者からマネジメント層に向けて提案された企画書。

ポイント 1 必要性を理解させる

今までにない新しい試みの提案は簡単には採用されない。なぜその提案を採用しなければならないかをできるだけ簡潔明瞭に説明しよう。ここでは「現状の問題点」として、4つのポイントが述べられている。簡潔に書くためには事例のように箇条書きにするとよい。

ポイント 2 メリットを強調しよう

さらに提案採用に踏み切らせるためには、その提案がコストカットにつながるとか、新規のビジネスチャンスを生むというメリットを理解させることが重要だ。

この企画書では、基本戦略の中に「メリット」というタイトルを設けて、やはり箇条書きで簡潔にメリットを述べている。メリットはできるだけ多角的な視点から述べるとよい。

ポイント 3 企画書には形容詞はいらない

この企画書には形容詞は使われていない。一見、無味乾燥な文章だが、これでよい。企画書はビジネス文書であり、できるだけ無駄な形容詞を省き、簡潔に必要事項だけを書くよう心がける。また、企画書を書いたら校正し、不必要な言葉を削るようにする。

CRM推進室　新設の提案

ポイント❶

1. 現状の問題点
1) 新車販売後、顧客へのフォローは販売営業マンにまかされており、フォローをしない営業マンもいる
2) 顧客情報が営業マンの手元にあり、一元化されていないため、情報の有効活用がなされていない
3) 乗り換え需要促進のための組織的活動が行われていない
4) 顧客に対して、当社ブランドへの愛着育成が行われていない

2. CRM推進室新設の目的
1) 既存顧客の乗り換え需要促進
2) 当社の車へのロイヤリティ確立

3. 基本戦略と、CRM推進室新設のメリット
1) 基本戦略

ポイント❷

　①本社内にCRM推進室を新設し、顧客情報の一元化を図る
　②情報を基に、顧客との定期的コンタクトを行う
2) メリット
　①顧客情報が一元化でき、マーケティング活動に利用できる
　②顧客の当社ブランド愛着心の形成が図れる
　③乗り換え需要が促進できる
　④個人情報が安全に管理できる

4. CRM推進室概要
1) スタッフ構成
　室長1名　男性スーパーバイザー1名　スタッフ4名計6名でスタート
2) おもな業務内容
　①営業マンより顧客情報を収集し、データ化する
　②顧客に対して、定期アプローチプログラムを実施する
　③乗り換え期の顧客への、セールスと一体となったアプローチを行う
　④クレーム情報などの収集による、営業改善策の策定
3) システム
　データベースシステムを導入

5. 費用とスケジュール
1) 概算費用（詳細添付）
　初期費用　　　　　　　　1000万円
　ランニングコスト　年間　8000万円

ポイント❸

2) スケジュール（詳細添付）
　20XX年4月より実施

事例

3 発注制度の改善 社内改善

> 販促会社の株式会社AZでは、これまで営業担当者や制作担当者が直接デザインプロダクションや印刷会社に業務を発注していた。しかし業務効率化と、コストダウンを図るため、発注制度を見直すことになった。担当者から担当役員への提案書。

ポイント 1 具体性を大切にする

　新制度、新セクションの設立の場合は、それがどんな機能を持ち、具体的にそこでどんな仕事がされるのかをわかりやすく説明する必要がある。決裁者にとって具体的なイメージが浮かばなければ判断のしようがない。

　また、設立の方法論についても具体的に述べる必要がある。制度がよくてもそれを作る方法が明確に決まっていなければ提案書としては完成していない。特に誰がその体制を実質的に担うのかは大きな問題だ。どんな人物が適任者かを述べておこう。

ポイント 2 メリットを追加すると、もっとよい

　この事例をもっとよくするには、この提案実施によってどれだけコストダウンが図れるか、業務の効率化につながるかメリットを述べることだ。従来のやり方を変更することに対しては、必ず社内で抵抗が生まれる。これを説得するためにもメリットを入れると納得を得やすい。①コストダウン②受注の増加による売上げ増④営業社員の負担削減（時間効率のアップはコストダウン売上げ増に結び付く）など、いくつかのポイントを簡潔に書く。この事例では、集中化によるコストダウンを試算表で具体的に数値として出している。

発注体制集中化の提案

1. 現状
1) 各営業担当者が個別に発注先を決め、発注しているためにコストやクオリティに問題が出ることがある
2) 発注に手間がかかるため、制作物の受注に消極的な営業マンもいる
3) 集中発注によるコストダウン等のメリットが図れない

2. 目的
1) 制作物のクオリティアップとコストダウン
2) 営業担当者の負担軽減と、制作物受注拡大

3. 基本戦略
社内に「制作推進課」(仮称)を新設して、ここで制作物の発注を一元管理する

ポイント ❶

4. 「制作推進課」(仮称)の役割
1) すべての制作物の発注・進行管理。
  営業担当から協力会社に直接発注せず、必ず当課を通して行う
2) 得意先への見積りの作成
3) よりよい協力会社の確保
4) 発注状況を見て、発注会社へのコストダウンの交渉
5) 制作ノウハウの社員への教育

5. 「制作推進課」(仮称)の役割
当初は課長1名と、スタッフ1名とする。
当社協力会社㈱作芸社の吉田氏は誠実な業務対応で営業社員から高く評価されており、また印刷だけでなく制作物一般に幅広いスキルを有している。この吉田氏を制作推進課長に招聘し、実践的な制作課を早期に確立する

6. 集中化による収益 ← **ポイント ❷**
試算表を添付

7. スケジュール
明年4月より新体制をスタート。詳細は添付

添付
1. 試算表
2. スケジュール詳細
3. ㈱作芸社吉田氏略歴

事例

4 社員満足度調査 社内改善

アパレル小売で急成長している㈱レッドクロスでは、中途採用社員の増加と店舗拡大により、従業員の会社へのロイヤリティが薄れてきている。そこで、全社員を対象にES（Employees Satisfaction）調査を行うことになった。人事部の担当者から部長への提案書。

ポイント 1 調査企画書の構成

　調査の企画書の構成は画一的でよい。①背景②調査目的③調査概要④調査内容⑤スケジュール⑥費用の6項目だ。「背景」は一般の企画書と同様に入れても入れなくてもよい。「調査概要」には調査対象や時期、調査方法を書く。また、「調査内容」はこの調査で何を聞くのかを述べる部分で、設問項目を書いてもよい。

　広告や販売促進などの企画書は構成が決まっていても、時には項目やタイトルを状況に合わせて変えることがある。しかし調査企画書の場合は、この事例の形式で書けば合格点はとれる。

ポイント 2 調査の手法

　調査手法にはアンケート調査、グループインタビュー、ヒアリング調査、セントラルロケーションテストなどいくつかあるので、目的達成のためにはどの手法が一番よいかを選択する。このためには代表的な手法について予め知っておく必要がある。量的な調査を行う場合、かつては郵送によるアンケート調査が主流であったが、現在ではWeb調査が主流だ。費用も安く、短時間で結果が求められ、一定の必要な分析は自動的にやってくれる。ただし、Webを利用しない対象にはまだ郵送のDMも行われている。質的な調査としてはグループインタビューが今も主流だ。

ES調査企画

ポイント❶

1．背景
急速な店舗展開の拡大に伴い、従業員の一体感が薄れている。またこの1年間の離職率が増加している。
そこで、従業員の会社や仕事への満足度を調査し、問題点の改善を図りたい。

2．ES調査目的
従業員の一体感を形成し、離職率の下げるための基礎資料を収集する。

3．調査概要
対象：役員を除く全従業員（アルバイト、パートも含む）
実施時期：20XX年2月
調査方法：イントラネットを使用してのWebアンケート **ポイント❷**

4．調査内容
1）現状の仕事への満足度
2）会社の評価に対しての満足度
3）給与・待遇に関しての満足度
4）仕事量について
5）職場の人間関係について
6）会社の一体感について
7）今の会社が好きか
8）自分の会社を誇れるか

5．調査スケジュール
調査票作成・Webへのアップ	1月20日〜31日
イントラでの実査	2月1日〜4日
集計・速報	2月6日
分析・最終報告	2月15日

6．調査費用
社内で実施のため、外部への費用はなし。

事例

5 コストカット提案 社内改善

総合広告会社の株式会社東宣では、ビジネス環境の変化に対応するために、大幅なコストカットをすることが役員会で決定され、プロジェクトチームが結成された。これはプロジェクトチームからの削減案。

ポイント 1 タイトルの"素案"とは

タイトルが「コスト削減案（素案）」となっている。「自分はこう考えるがまだ検討の余地がある」といった場合や、「これを土台として意見を聞いてから最終的な企画書にしたい」という場合などに使われる。その他には"試案""検討案""第一次案"などの言葉がよく用いられる。

ポイント 2 相手の納得の得やすい説明を

コストカットのようなテーマでは、従業員の納得と協力が必要だ。プロジェクトチームの一方的なアイデアではないということを説明しよう。事例では「提案プロセス」を入れ、この提案がどのようなプロセスを経て出てきたかを説明している。

ポイント 3 数値目標は必須

事例では紙面の制約もあり、入れることができなかったが、このような提案書では、具体的な施策はもちろんだが、これを実行した場合の効果を数値目標として入れなければならない。年間の営業経費予算と、コスト削減後の営業経費を比較して見せる、また年間の電気代と削減後の電気代の比較など、概算での削減目標金額を添付しよう。

コスト削減案（素案） ポイント❶

1．提案プロセス
1）全社員に「コスト削減提案アンケート」を実施
2）プロジェクトチームで仕分けし、素案作成
3）担当責任者に素案の妥当性をヒアリング
4）提案書を作成

ポイント❷

2．基本方針
1）営業経費の抜本的見直しを行う
2）購買物および購買方法の全面的見直しを行う
3）勤務時間等の見直しを行う
4）その他経費の見直しを行う

3．具体的施策
1）営業経費の見直し
　①特別な事由がない場合のタクシー利用の禁止
　②5000円以上の打ち合わせ費は部長に事前申請
　③中元、歳暮の見直し
　④出張費の見直し
2）購買物の見直し
　①オフィス用品購買先の変更
　②購買物の一括購入促進
　③オフィス用品・備品の総務一括管理
3）勤務時間の見直し
　①出退勤管理の徹底
　②ノー残業デーの導入
　③深夜残業の事前申請制度を導入
4）その他経費の見直し
　①コピー機使用制限（カラーコピー制限、裏紙利用など）
　②室内温度の適切化
　③コーヒー無料サービスをやめ、自販機を導入
　④節電の徹底

4．目標削減コスト ポイント❸
添付参照

5．実行スケジュール
20xx年6月より実行。

添付資料
1）社内アンケート結果集計　　2）目標削減コスト

事例

6 ダイバーシティ推進 社内改善

日亜薬品株式会社は日本国内だけでなく、海外にも拠点を持ち躍進をしている。今春より社内にダイバーシティ推進委員会ができ、今回初めての答申案が出された。

ポイント 1 答申案の書き方

社内で承認を求めるような答申案の場合は、まず簡単な前書きを入れ「よろしくご検討お願いいたします」などと入れるとよい。いきなり本題に入るより相手に丁寧な感じを与える。特にマネジメント層やトップまでいくような書類には、この程度の気遣いはほしい。前書きの後は通常の企画書の構成でよい。

ポイント 2 大きなテーマでは戦略がキー

ダイバーシティというテーマは対象分野や関わる人も多く、実施期間も長い。このようなテーマの場合はまず戦略をしっかりと固める必要がある。事例では推進すべき重点項目を7つ挙げ、ここで何をすべきかの方向性を明確にしている。この戦略に基づいて個々の実施策が考えられなければならない。

ポイント 3 実施計画は詳細を

事例では「第1次実施策案」として、3項目のタイトルを挙げた。実際には、それぞれの施策に対して、現状の問題点と解決案、あるいはそれがなぜ必要で、どのように進めていくかの詳細を述べる必要がある。

ダイバーシティに関する第1回答申案

ポイント ❶

　ダイバーシティ推進委員会では、3月より検討を重ね、以下の通り、第1回答申案を作成いたしました。よろしくご検討お願いいたします。

記

1．基本方針
　グローバリズムの進展の下、多様な文化、多様な人々の暮らしや個性を尊重し、1人ひとりがその能力を最大限に発揮できる環境づくりを推進する。

2．基本戦略
　1）あらゆる差別の撤廃
　2）女性の活躍の場を広げる
　3）高齢者の活躍の場を設ける
　4）外国人の受け入れ促進
　5）障がい者の受け入れ促進
　6）上記に関わる全従業員の意識改革の推進
　7）上記に関わる社内外への広報活動の推進

ポイント ❷

3．第1次実施策案
　1）ワークライフバランスへの取り組み
　　　①女性従業員の育児休暇制度の改善
　　　②男性従業員の一時育児休暇制度の導入
　　　③託児所等サポート施設の検討
　　　④育児就業制度の検討

　2）人事・教育制度の見直し
　　　①女性社員の比率向上および、管理職登用の推進（目標数値化）
　　　②定年後の再雇用の促進（目標数値化）
　　　③外国人および障がい者の雇用促進（目標数値化）
　　　④キャリアセミナーの実施

ポイント ❸

　3）職場環境の改善
　　　①障がい者に配慮した職場環境の整備
　　　②従業員交流のサロン設置
　　　③ダイバーシティ理解促進を目的とする社内報の発刊
　　　④相談室の開設

添付：ダイバーシティ推進委員会　委員会議事録

事 例

7 社内資料整備 社内改善

人材開発で急成長している株式会社J-Netでは、業務の効率化を図るために資料や企画書などのファイリングを見直そうと、社内に業務改善委員会が作られた。その委員会で検討された役員へ提案。

ポイント 1 「問題は何か」から企画は始まる

　企画書は問題の解決を示したものだ。「問題は何か」を掘り下げることから企画が始まる。ビジネスの現場では、たいていの場合、問題は1つだけではない。問題が複数ある場合はできるだけ簡潔にポイントだけを述べよう。

ポイント 2 「目的」「戦略」がない企画書？

　この企画書には、企画書の基本構成である「目的」や「戦略」という言葉が見当たらない。通常「背景」や「現状分析」の後に「目的」や「戦略」がくるのでは？　と思われるかもしれないが、ここでは「計画趣旨」となっている。これでよいのか？

　この企画書の場合は、すでに"業務改善"という目的が大前提としてある。この目的を達成するために、どのような点を改善していくのか、実行計画が求められている。そこで「目的」や「戦略」を省いて、実行計画中心の企画書としてある。企画書にもいろいろな内容がある。「実行計画」だけの企画書でもよいのだ。

　「実行計画」については、作業の進行にしたがい順を追って書いていくと理解が得られやすい。この場合、箇条書きでまとめることが基本だ。文頭には「・」ではなく、「1）」や「①」など必ず数字を付けよう。

セントラルファイリングシステム導入計画

ポイント ①

1. 計画背景
現状、社内資料や情報の保存・利用について下記のような問題がある。
1) 資料や情報が個人の所有となり、共有化されていない
2) 一元的管理がなされていないため、必要な情報入手に時間がかかる
3) 情報の重複が発生しており、非効率的である
4) 個人保有の情報量が多く、保管スペースが多く取られている
5) セキュリティに関しての配慮がない

2. 計画趣旨
上記の問題点を解決するためにセントラルファイリングシステム（以下CFS）を導入する。

3. CFS内容
1) 紙ベースの企画書や資料は中央書架に収納する
2) PCベースのデータはデータ管理ルーム（新設）に社内ランを通して転送。データ管理ルームで重要情報と一般情報に種分けし、一般情報は共有化する
3) 資料の共有化を行うと同時に情報セキュリティ対策を行う

4. 実行計画
以下の手順で実施する。
1) 「データ管理ルーム」設立（ルーム長1名、スタッフ1名 計2名）
2) データ保管・管理用PCシステムの開発
3) 情報管理マニュアルの作成
4) 管理マニュアルに基づき個々人で情報を整理し、リスト化する
5) PCベースのデータの移設
6) 紙ベースデータの中央書架への移設
＊データ管理ルームは情報問合せ窓口としても機能させる

5. 費用

システム開発費	100万円
書架設置、オフィスレイアウト変更	150万円
スタッフ人件費（派遣社員人件費）	250万円／年間
合計	500万円

ポイント ②

6. スケジュール
計画承認から稼動まで約2カ月

事例

8 ホームページ改善 社内改善

建材メーカーのヤスケン株式会社ではホームページで建材の商品案内を始めた。わかりやすいホームページと評判もよく、アクセスも増えてきている。今後さらに充実し効率的運用を図るために、販売主任から部長宛に改善提案が出された。

ポイント 1 シンプルな企画書を心がける

　この企画書では、構成が「現状の問題点」「改善目的」、戦略を省いて「具体策」「スケジュール」「費用」と、シンプルにまとめられている。提出する相手を説得できる内容であれば、企画書はできるだけシンプルにしたい。事例はA4用紙1枚の中にすっきりとまとまっており、タイトルも項目も見やすい。読む相手に親切に読みやすいレイアウトも追及しよう。

ポイント 2 社内企画書には根回しも忘れずに

　社内改善の提案などでは、できるだけ事前に関係者に根回しをしておく必要がある。特に決定権を持つ上司には、何が問題で、どんな解決法があるかなどを普段の会話で話しておくとよい。"根回し"という言葉に抵抗があるようなら"事前ミーティング""コミュニケーション"という言葉を使えばよい。

　特にIT関連の案件では、専門的知識が必要とされ、企画書にも聞きなれない用語が出てくることが多い。この企画書でも"CMS""Google Analytics""ベリサイン""グローバルサイン""SSL"など専門用語が使われている。上司が企画書に拒否反応を示さないよう事前に説明しておこう。また、これらの用語についてのわかりやすい説明を企画書に添付しておくとよい。

ポイント❶

ホームページ改善提案

1．現状の問題点
1）今後ホームページの内容の頻繁な変更や、ページ数の増加が見込まれるが、現状ではホームページ担当者以外は変更等の作業ができない
2）当社のホームページにどれほどのアクセスがあるか、よくわからない
3）セキュリティ確保が不十分

2．改善目的
1）誰でもがページ内容を追加・修正できるホームページに改善する
2）定期的なアクセス情報の分析
3）セキュリティ対策の徹底

ポイント❷

3．具体策
1）CMS（Contents Management System）を導入し、ウェブに関しての特別の知識がないものでも効率的にページの追加が可能なように、構造を作り変える
2）現在普及しつつある、Google Analyticsを導入し、各ページのアクセスを把握、分析できるようにする
3）ベリサインやグローバルサインなどの専用SSLを導入し、セキュリティ対策を行う。また、SSLのロゴマークを提示し、プライバシーポリシーを明示することで、アクセス者は安心して個人情報を提供できる

ポイント❷

4．実施スケジュール
7/1 ～ 7/31　構造案検討および、解析ソフト、SSL仕様検討
8/1 ～ 8/31　作業
9/1　　　　　テストの後納品

5．費用概算

項目	金額
企画・準備費	¥300,000
CMS導入・構造変更費	¥800,000
解析ソフト費	¥50,000
SSl導入費	¥150,000
合計	¥1,300,000

事 例

9 新入社員研修 教育・研修

オフィス機器の株式会社東新では来年度の社内研修の企画時期に来ている。今年は部課長にアンケートを実施し、その結果を参考にして計画を立てようとしている。研修担当者から担当部長へ宛てた計画書である。

ポイント 1 「である調」と「です、ます調」①

　一般的には企画書は「である調」で書くことが多い。書き慣れないと偉そうな感じで、特に上司に出すときには躊躇することもあるかもしれないが、簡潔に書くには「である調」がよい。「です、ます調」は冗漫な文章になりがちだ。

　どうしても躊躇するなら、「です、ます調」でもよい。この場合は本文を「です、ます調」で書き、箇条書き部分は体言止めなどとすると簡潔さが保てる。ただ、本文での「である調」と「です、ます調」の混在には十分気を付けよう。文章の基本を知らない稚拙な企画書に見えてしまう。

ポイント 2 計画などでは表組みを考えよう

　日程は表組みにしたほうが見やすいことが多い。この事例では日程、内容、講師他が一目瞭然だ。Microsoft Wordの「表の挿入」を用いれば、簡単に作れる。費用についても項目が多い場合や明細を入れる場合は表組みにしよう。Microsoft Excelで作成し、コピー添付で貼り付ければよい。計算も簡単で間違いがない。簡単なものはこの例にあるように列挙すればよい。事例のような1枚ものの企画書の場合、日程も費用も両方表にすると企画書全体の見場が悪い。美しい企画書に見えるようにしたい。

200X年　新入社員研修計画

ポイント ❶

1．本年度の課題
昨年度の新入社員研修の後での部課長アンケートの結果、本年度に対して以下の要望が出されました。
1）社会人としてのマナーと当社の業務内容の理解は継続して教えてほしい
2）ビジネス文書の基本ルールを教えてほしい

2．本年度研修テーマ
上記の課題を基に、本年度の研修のテーマを3つとしました。
1）社会人としてのマナー研修
2）ビジネス文書の基礎研修
3）当社業務内容研修

3．研修計画
1）場所：当社那須研修センター
2）研修日：20XX年 4月2日～4日
3）参加者：40人（新入社員人数）
4）研修詳細

ポイント ❷

日程		内容	講師ほか
1日目	午後1時	集合・点呼・研修内容説明	
		マナー研修	外部マナー講師に依頼
2日目	午前	マナー実践（ロールプレーイング）	外部マナー講師に依頼
	午後	ビジネス文書の基礎研修	外部マナー講師に依頼
3日目	午前	当社業務内容紹介	VTR使用
	午後	当社那須工場見学	
	夜	入社歓迎夕食会	役員参加
4日目	午前	各部門紹介	各部門チーフクラス
	午後	研修総括、配属先通達	
	午後3時	現地解散	

4．費用

外部講師謝金（2人）	60万円
歓迎会費用（参加60人）	25万円
交通費（新入社員分）	50万円
その他	15万円
合計	150万円

添付
部課長アンケート結果集計表

事例

10 海外研修 教育・研修

海外通販のポールフレドリックの日本事務所では、カスタマーサービス（CS）の充実を目指して、現地にスタッフを派遣してオペレーションの実際や生産現場の見学を計画している。CS担当者から日本事務所の責任者に対して計画書が提出された。

ポイント 1 「である調」と「です、ます調」②

この企画書では、前文が「です、ます調」で、本文が「である調」となっている。文章作成の原則から言えば奇異に見えるかも知れない。しかし、前文と本文とはっきり内容が分かれているのでこれでもよい。通常は前文の後に"記"を入れて本文と分けるが、この例のように省略してもよい。

ポイント 2 複数の目的

現場のスタッフを一定期間業務から離して海外に派遣するのだから、派遣理由に説得力が必要だ。お客様サービスの向上というだけではなかなか承認は取れないだろう。そこで目的は問題点を解決するために1つだけでなく相互理解による業務の円滑化、商品理解の深化による受注拡大、スタッフのモチベーションアップを図ることなど複数にしている。一般的に目的はできるだけ絞るべきだが、研修などの目的は複数でもよい。

ポイント 3 現地のバックアップが承認の鍵

事例の企画書のキーは、ポールフレドリック（PF）本社のバックアップ体制だろう。特に費用面も含めて現地本社が支援を約束していれば、上司の承認はとりやすい。

通販スタッフ海外研修計画

表題の件につきまして、下記のとおり計画を提出いたします。
ご検討お願いいたします。

ポイント ①

1. 背景
1) これまでPF通販スタッフは米国現地を訪ねたことがなく、日常の連絡等はe-mailで実施している。このため米国スタッフとコミュニケーション上の問題が発生することもある
2) 生産現場を知らず、PFの商品特長についての理解も薄い
3) 定着率向上のためのインセンティブが必要

ポイント ①

2. 研修目的
1) 現地スタッフとの交流による相互理解の確立
2) 商品理解の深化
3) モチベーションアップと定着率の向上

ポイント ②

3. 計画概要
1) 対象者： 入社2年以上のスタッフのうち1回1名を選抜
2) 実施時期： 年間2回 販売閑散期(2月、8月)に派遣
   1週間(実質研修日は3日間)
3) 現地受入れ：PF本社教育担当スタッフがアテンド
4) 研修内容：
   ①顧客満足度アップの研修
   ②アップセールス研修
   ③商品知識研修
   ④先方スタッフとの交流パーティー等相互理解

ポイント ③

＊PF本社のバックアップ
米国本社ではベテランスタッフによる顧客ケアの充実、売り上げ拡大を期待しており今回の研修に対して費用面を含め全面的なバックアップを約束している。

4. 費用(詳細添付)
現地滞在費用、研修にかかわる費用は、PF本社が負担。
当社は往復旅費および研修日当を負担。

事 例

11 中堅社員セミナー 教育・研修

創業100年の老舗"幸来デパート"では、今後3年以内に管理職を削減し、会社の体質改善を考えている。その一環として中堅社員を対象に、外部セミナーへの参加が企画された。経営企画室担当者から担当部長への企画書。

ポイント 1 「申請書」と「企画書」

社員が単独で外部のセミナーを受講したいという場合は「企画書」とは言わず「申請書」と言う。何を目的として、どんなセミナーに参加したいか、またそれが本人や会社にどれだけのメリットをもたらすかを書けばよい。この事例の場合は本人ではなく制度として一定の対象者を外部セミナーに参加させることを提案しているので、「企画」となっている。

ポイント 2 気遣いと説得

このセミナーへの参加の本来的な目的は、スムーズな人員整理である。「管理職削減、人材の効率的配置・運用」とは人員整理を間接的に表現しているに過ぎない。本来は中高年の合理化あるいは人員整理と書くほうがわかりやすいが、稟議にまわされる途中で企画書の内容が漏れてしまうかもしれない。社長室担当者とし社内を刺激しないように、間接的表現をしている。こうした心配りも企画書には必要だ。

リストラをスムーズに進行させるためには多少の費用は決済される。いかに優れたセミナーであるか、内容を具体的に説明したい。また同業他社の参加例、セミナー参加効果を示すなど、わかりやすい例で効果を説明するとよい。

中堅社員対象セミナー企画　ポイント❶

1. 背景
現在中期経営計画の下に、管理職削減、人材の率的配置・運用が進められている。こうした状況下で中堅社員のモチベーションの低下が危惧される。　ポイント❷

2. 目的
中堅層以上の自立意識を高め、チャレンジ精神と積極性を高め、自信と展望を持たせる。

3. 提案概要
1) 方法
"自己啓発"セミナーを受講させる。
(この分野で定評のある「野口文也自己啓発セミナー」への参加)
2) 対象
部課長以上または45歳以上社員全員。
1回1組5名程度の参加としたい
3) 時期
部課長以上のスケジュールを調整して、毎月1組を参加させる。
年間で対象者全員が受講するようにしたい
4) 費用
参加費1人80,000円(セミナー、宿泊代、食事含む)
参加予定人員により割引制度あり

4.「野口文也自己啓発セミナー」概要
時間管理をもとに自己管理を教え、時間を有効に使うことで自分の将来展望を明確にすることを教えている。米国アトランタ研究所のソニアン博士が開発したメソッドによる定評のあるセミナーで、すでに当社と同業の大正化学社をはじめとして、数多くの企業が参加し、一定の成果を上げている。セミナーは1カ月に一度の割合に開催されており、2泊3日の集中セミナー。異業種からの参加者をグループ編成し、交流も深めている。

添付
「野口文也自己啓発セミナー」内容詳細。

事例

12 講演会 教育・研修

大東亜保険株式会社の従業員組合では年間イベントとして、毎年組合員対象の講演会を開催している。本年度に関して担当者から組合幹部に対し、実施企画書が提出された。

ポイント 1 実施に重点を置いた企画書

　すでに講演会の実施は年間行事として決まっているのだから、ここではテーマの絞込みと具体的計画が重要になる。そこで実施内容部分に重点を置いて詳しく書く必要がある。

　「食と健康」というテーマはわかりやすい。健康は個人個人にとって重要であり、組合という組織にとっても組織維持のために大切なテーマだ。さらにこの保険会社にとってもプラスとなるテーマである。

　この企画書のアイデアは、参加型の講演会という点だ。講演会というと退屈なイメージがある。聞くだけでなく、自分もチェックシートで自己診断をするというところが新鮮だ。

ポイント 2 実施計画には準備が肝心

　企画書を提出する段階で、会場の仮押さえはしておこう。人気会場だと1年前ぐらい前に打診する必要があるかもしれない。また、講師の日程も会場手配と並行進めよう。

　会場が決まれば、講師との事前打ち合わせをする。講演テーマについて希望があれば、事前に伝えておくほか、会社の事業概略や参加者数、年齢層や男女比などを講師に伝えておく。また会場の様子や機器が使えるかなども一覧にして渡しておこう。

本年度講演会企画

1. 企画背景
組合員の高年齢化に伴い、体の不調や罹病が近年増えている。そこで普段の生活管理を積極的に行い、健康維持を図ることが課題とされている。

2. 講演会目的とテーマ
組合員の健康意識の向上を図る。

3. 講演会実施内容
1) テーマ「食と健康」
2) 日時　東京：200X年6月15日（土）10：00 ～ 13：30
　　　　 大阪：200X年6月23日（土）　　同上
3) 場所　東京大阪とも 地区健保会館（添地図を参照）
4) 内容（東京大阪とも同一内容）
　　10：00 ～ 10：10　主催者挨拶
　　10：20 ～ 11：30　日本栄養大学遠藤教授による講演
　　　　　　　　　　　テーマ「健康維持の食生活とは」
　　11：30 ～ 12：00　「自分でできる健康チェック」
　　　　　　　　　　　チェックシートをもとにした自己健康診断　　ポイント❶
　　12：10 ～ 13：30　懇親ランチパーティー（健康食を賞味）
　　＊会場はすでに仮押さえ済み。2月末までに正式申し込みが必要
　　＊遠藤教授内諾済み

4. 準備スケジュール
　2月末　　　　会場申し込み
　4月末まで　　遠藤教授打ち合わせ、「健康チェックシート」素案作成　　ポイント❷
　5月末まで　　遠藤教授最終確認、「健康チェックシート」完成
　　　　　　　ランチ内容の決定と手配

5. 費用
講師謝礼	10万円（交通費込み）
会場費（ランチ代含む）40万円×2会場	80万円
「健康チェックシート」他作成	10万円
合計	100万円

添付
日本栄養大学遠藤教授略歴

事 例

13 スキルアップ研修 教育・研修

安立生命保険株式会社では、従業員の希望者を対象として、定期的に自己啓発のための研修を実施している。過去2年間回を追うごとに参加希望者も増加し、参加者の評判もよい。来年度の企画案が人事部の研修担当者から課長宛に出された。

ポイント 1 テーマは総括をベースにする

すでに2年実施されている研修である。参加者の評価や希望も色々とあるはずだ。そこで参加者へのアンケート、またできれば講師へのヒアリングや、参加者の上司へのヒアリングなどを実施して総括をしたい。そこでの問題点や希望点を次回のテーマ設定につなげると効果的な研修計画ができる。この例で言えば、「レベルに分けた研修」と「実務に直結するスキル」がテーマ設定の方向性だ。

ポイント 2 テーマ案を考える

年間に何回か研修を実施する場合、実施分すべてのテーマ案を書き出す必要がある。全体として何を目指し、どのような内容かがわからなくては承認されない。可能なら1年間の総合テーマを決めるとよい。この事例の場合なら、「ビジネスの達人になる」など、少し際立ったテーマを付けてもよい。この年間総合テーマの下に各回の研修テーマがくると、全体としての一体感が感じられる。各回のテーマもサブタイトルを付けて、参加意欲を刺激するようにするとよい。例えば「対人コミュニケーション技法」なら、「対人折衝を有利に進める」などというサブタイトルを入れると参加者は確実に増える。

20XX年度スキルアップ研修企画案

1. 昨年度の総括
1) 参加者は回を追うごとに増加しており、内容満足度も高かった
2) 参加者のレベルで研修内容を分けることも考慮する必要がある
3) 実務に直結するスキルアップに人気が高かった

→ ポイント ❶

2. 本年度研修概要
1) 研修目的
   従業員のモチベーション向上と、会社へのロイヤリティ向上
2) 参加対象
   全従業員
3) 参加方法
   自主参加を原則とする。毎回40名限定とし、参加が多い場合は抽選とする
4) 研修日時
   年間6回の実施。土曜午後とし実施日に関しては、後日決定する
   【当日スケジュール】
   13:00〜17:00　研修
   17:00〜18:30　懇親会(研修参加者のうちで希望者のみ)
5) 場所
   本社第二会議室
6) 参加費
   研修は無料。その後の懇親会参加者は1000円を各自負担

3. 研修テーマ(案)
4月　「ビジネス文章を磨く」
6月　「対人コミュニケーション技法」
8月　「問題解決技法」
10月「プレゼンテーション法」
12月「リーダーシップ」
2月　「ロジカルシンキング」
＊昨年度参加者へのアンケート結果から上記テーマを仮に設定

→ ポイント ❷

4. 実施費用
講師費用　1回20万×6回 =	120万円
懇親会補助	30万円
合計	150万円

添付
1) 昨年度の実績
2) 参加者アンケート結果

事例

14 周年行事 社内行事

株式会社ミュージック・エンターテイメント・コーポレーションでは、創立30周年に記念イベントを開催することになっている。
30周年推進室が中心となり、企画が検討されてきた。推進室担当者からの企画案。

ポイント 1 「基本方針」とは

　ここでは「目的」と同じ意味で使用している。このほかに戦略の替わり「基本方針」という言葉を使用することもある。「目的」や「戦略」と言うと形式的すぎると感じる場合には使用できる便利な言葉だ。

ポイント 2 周年行事の目的

　周年行事の目的は1つではない。会社のイメージアップやPR、社員や家族への感謝、お客様や取引先への感謝とさらなる支援の要請など、いくつか考えられる。どの目的を優先するかは状況で考える。周年行事はステークホルダーに対し会社を再認識させる絶好の機会なので、イベント、PRや必要なら販売促進などもからめ幅広い展開を考えたい。

ポイント 3 ユニークな企画を考えよう

　できるだけその会社でなければできないイベントを企画しよう。会社の商品やサービスと結び付いた企画なら会社のPRに利用でき、社員の家族にとっても仕事の理解につながる。また、お客様や取引先にとってもイベントを通じて会社を身近なものとして把えてもらえる。

ミュージックエンターテイメント
MEC創立30周年記念イベント企画

1. 基本方針 — ポイント❶
 1）30周年をPR機会としてとらえ、MECのブランドイメージ向上を図る
 2）従業員のロイヤリティの向上を図る
 3）取引先や業界関係団体への感謝と、好意度の向上
 — ポイント❷

2. 基本戦略
 1）他にまねのできない、MECならではの記念イベントとする
 2）記念イベントを軸に、幅広いPR展開を行う

3. 実施概要
 1）記念イベント
　　記念コンサートイベント開催（東京ドーム）
　　①日時：20XX年6月4日（土）
　　　第1部　13：00 〜 15：30
　　　第2部　18：00 〜 20：00
　　②出演：ポップス界の権威者、作曲家高梨重雄氏および当社電子楽
　　　　　　器使用の有名ミュージシャンの出演。現時点で20名が参加
　　　　　　予定
 — ポイント❸
　　③コンサート招待者：
　　　第1部：当社取引先・当社社員家族・マスコミ招待者
　　　第2部：一般顧客様（抽選によりご招待）・マスコミ招待者
　　　＊マスコミ招待者は都合にあわせて1部か2部に参加
　　④イベント内容
　　　1部ではではコンサートに先立ち、当社永年勤続者や技術功労者に
　　　賞を授与する（出演ミュージシャンからの花束贈呈も行う）
 2）広報活動
　　①コンサート告知
　　②コンサート当日へのマスコミ取材誘致
　　③コンサート後のパブリシティへのフォロー活動

4. 実施詳細および参加予定ミュージシャンリスト
　別添詳細を参照（参加予定ミュージシャンについては所属事務所と確認済み）

5. 費用
　別添費用明細を参照

事例

15 社内懇親パーティー 社内行事

躍進している中堅セールスプロモーション会社の株式会社マーケリンク社は、中途入社の社員が多く、機会を見て懇親会を実施したい旨社長から話があった。若手を中心として企画が立てられた。社長への企画書。

ポイント1 簡単な企画書でも丁寧に書こう

社内懇親パーティーを遊びととらえないほうがよい。会社の予算の中から費用が出るのだ。やはり簡単でもきちんとした企画書を書くようにしよう。事例では企画理由と実施概要、スケジュールや費用がわかりやすく書かれている。このような企画書を提出すれば、あなたは普段からきちんとした仕事をする人間だと上司に認めてもらえる。

ポイント2 社内アンケートを有効に利用しよう

社内アンケートは簡単にできて、企画採用のために有効なバックアップとなる。対象者が多い場合は全員にアンケートをとる必要はない。例えば400人の社員のうち一割の40人に実施したとしてもある程度の傾向はつかめるし、説得力もある。

ポイント3 アイデアを出す発想法

アイデアを出すには、ポストイットを利用したブレーンストーミングを実施してもよい。まず発想タイムとして5分程度各自がポストイットに自由にアイデアを書き出し、その後発表タイムでアイデアを発表しあう。沈黙してアイデアを書くので、じっくり考えることができ、アイデアを集計するのも簡単だ。

ハロウィンパーティーの企画

ポイント❶

1．企画理由
　制作部と営業部のコミュニケーションに問題があることはすでに指摘されています。中途採用社員も増加し、相互理解が不足していることが大きな要因と考えられます。

ポイント❷

　そこで、今回社内アンケートを実施し、その結果に基づいて社員の相互理解を促進するために、「ハロウィンパーティー」の実施を企画いたしました。楽しい仮装をすれば消極的な人も積極的に自分を表現できるのではないでしょうか。ぜひ、ご検討をお願いします。

2．実施概要
1）実施日時
　　10月31日（木）　19：30～21：30
2）パーティー会場
　　当社プレゼンテーションルーム
3）内容
　　①各自好みの仮装をして、パーティーに参加する
　　②仮装のコード規定はしない。ただし水着などあまり過激なものは不可とする
　　③事前に仮装の用意できないものには、会場入り口で仮面を渡す
　　＊各自の仮装に対して、全員の投票で優劣を競う
4）飲食
　　ソフトドリンク、アルコール類を用意
　　食事はケータリングサービスなどを利用し、ビュッフェスタイルとする

3．パーティースケジュール
19：30　社長挨拶と乾杯
　　　　＊仕事の未終了者も挨拶と乾杯には参加すること
19：30～20：30　ビュッフェで飲食、仮装投票
20：30　仮装投票結果の発表
　　　　大賞　1名、優秀賞　2名　社長賞1名程度
21：30　終了

4　費用
飲食費　¥5,000×50名　=	¥250,000
仮面・仮装大賞賞品代	¥50,000
合計	¥300,000

事例

16 社内報 社内行事

寿司の夢鶴は都内に25店舗展開し、ビジネスマンやOLに人気がある。今回2代目の社長が就任し、企業としての体制を作り上げようとしている。新社長から社内報を創刊したいとの話があり、総務企画で企画書を作成した。

ポイント1 必要なことをわかりやすく

社長から「社内報を作ろう」という話が出ているのだから、目的を確認し、あとはどんな内容の社内報なのかが明確に打ち出されていればよい。

これに対し、担当者が自主的に社内報発刊を社長や上司に提案する場合は、もっと説得力のある企画書が必要になる。社内報という手段がなぜ提案され、それがいかに有効かを説得しなければならない。社内アンケートという方法もあるだろうし、すでに社内報を出している同業の実績を示すという方法もある。企画書に「背景」の記述が必要であり、実施を前提とした企画書に比べて超えなければならないハードルは多い。

ポイント2 編集方針と構成案

編集物では、編集方針が最も重要な部分と言える。ここでは編集方針として①誰からも読まれること②会社方針の伝達媒体でること③参加型、と3つの方針が簡潔に書かれている。この編集方針でよいのか、社長は違う方針を持っているのか。企画採用の決め手の部分だ。

構成案は「検討案」として、今後詰めていく必要のあることを感じさせてある。この段階ではまだこの程度でよいだろう。

夢鶴社内報創刊 企画

1．目的
1）経営方針と戦略に対しての従業員の理解促進
2）経営者、本部、チェーンスタッフ間の相互理解の促進 　**ポイント ❶**

2．配付対象
全従業員（調理スタッフ、ホールスタッフ、本部スタッフ）

3．編集方針
1）やさしい内容で、誰からも読まれる社内報とする 　**ポイント ❷**
2）わかりやすく、会社の経営方針や戦略を伝える
3）従業員参加型とする

4．発行
1）発行時期　隔月1日
2）形態　A4サイズ、8ページ
3）配布　店長会議で店長に一括渡し

5．創刊号構成案
表1　　　　タイトル／目次
中面1　　　トピックス
中面2　　　本部通達（経営方針等）
中面3　　　夢鶴各店紹介
中面4　　　スタッフ紹介ページ（新人、各店スタッフほか）
中面5　　　寿司に関しての"うんちく"、知っておきたいこと
中面6　　　すし好き有名人紹介。ライバル店・老舗探訪
表4　　　　今月の社長
●基本レイアウトは、イラストや写真を多く入れ、週刊誌風に読みやすく

6．発行スケジュール
9月30日　編集会議　創刊号構成内容決定
10月30日　原稿集約編集
11月15日　編集原稿チェック、入稿
11月25日　印刷完成
12月1日　店長会議で店長に手渡し

費用
1号　40万円 × 6回 ＝ 年間 240万円

事例

17 防災訓練 社内行事

日本綿糸株式会社では、このたび全社を挙げての防災訓練を実施することを計画した。総務部担当者から担当常務への企画書。

ポイント 1 実施計画書

　この企画書は担当者が役員に承認を求める企画書だ。「目的」は実施趣旨の中に文章として書かれており、後は具体的な実施計画だけが書かれている。日常の中ではこのような実施計画を立てることが結構多くある。1つの雛形として見てほしい。

　実施趣旨は簡潔で、実施計画内容もわかりやすい。実際にこれで承認が取れれば、"記"の下のタイトル「実施計画内容」を「秋の防災訓練実施告知」と書き直せば、後の内容はそのまま掲示、あるいはイントラネットで告知として使用できる。

ポイント 2 具体性が大切

　この手の企画書では理屈はいらない。誰が、いつ、どこで、何を、どのように実施するか、できるだけわかりやすく具体的に書けばよい。修飾語などは一切いらない。

　特に忘れてはならないのは「実施体制」だ。誰がどのような役割を果たすかを明確にし、誰もがわかるように明記する。

　また、ここには記されていないが、実際にこのような訓練を行う場合は、準備段階で行うべきことを含め、当日の開始から終了まで、いつ、誰が、何をするかを定めたマニュアルを作成しよう。これは防災訓練だけでなく、イベントなどでも同様である。

秋の防災訓練計画

ポイント ❶

実施趣旨
　火災や地震等、災害は多くの場合発生を予測できません。そこで、従業員の安全確保のためには日常での実践的な防災訓練が不可欠です。また、防災体制に対してもその実効性を検証する必要があります。
　そこで今般、下記内容での全社防災訓練の実施を計画いたしました。よろしくご承認いただきたくお願いいたします。

記

実施計画内容

1．全社員参加避難訓練
　1）実施日：9月1日
　2）時間：午前11時から11時30分まで30分間
　3）実施内容
　　　①午前11時に避難警報（「これは避難訓練です」とアナウンスあり）で開始
　　　②各部防災責任者の誘導に従い、1階まで階段で避難
　　　③玄関前広場にて全員集合し、点呼確認の後終了し、解散
　4）注意事項
　　　①避難時には、一切のものを持たないこと
　　　②エレベーターは使用不可
　　　③各部1名を留守番として部内に待機させる
　　　④避難時にケガや体調不良になった者が出た場合は、各部防災責任者に申し出て、救護センターに行く

2．防災用品点検
　実施日・時間：同日　11時30分から12時30分
　実施内容：各部防災責任者により、防災用品等点検を行う

3．実施体制
　防災訓練総責任者：営業本部長成田進
　救護センター責任者：健康管理センター所長　貝田まさ子
　各部防災責任者/副責任者：
　　　営業部　部長 遠藤孝史／次長 前田順二
　　　総務部　部長 佐伯裕二／課長 谷礼子
　　　企画部　部長 矢島充／課長 山田正章
　　　経理部　部長 島田勝／課長 児玉佳子

ポイント ❷

事例

18 新規事業開発　商品・サービス開発

一般社団法人シニア・サポート協会では、高年齢層のより豊かな生活を目指してさまざまな活動をしている。今回新規に高齢者の旅行をサポートする事業を企画した。事業開発プロジェクトから理事会への提案書。

ポイント 1　事業計画書の書き方

事業計画書の一般的な形式は以下の通りとなる。

1）「背景」あるいは「趣旨」「はじめに」
2）「事業目的」
3）「事業概要」
4）「事業主体」
5）「事業内容」または「事業計画」
6）「収支予測」

一般の企画書と大きく違う点は、綿密な収支予測が求められる点である。この事例のように、企業や団体から参加を集う場合などは、この事業に参加してどの程度の収益が上げられるかが参加の決定要因となる。

ポイント 2　事業内容は、幅広く考えよう

事業内容は絞り込んでもよいが、一般的には事業がうまく展開すると幅広い活動が行われるようになる。事業計画書に書かれた事業内容は、そのまま定款に記載されることもある。あまり絞り込むと後から追加する手間がかかる。そこで事業の将来的展開も充分に見越して考えられる活動内容はできるだけ多めに記載しておくとよい。

シニアツアー・サポーター養成事業計画

1. 背景
　熟年社会を迎え、高齢者人口は今後ますます多くなり、高齢者の旅行人口も増加する見込みである。これに対し、ホテルや旅館などではバリアフリー対策など施設面での受け入れ対応も進んでいる。しかしながら高齢者の旅行を心身両面でサポートする人材に関してはまだ十分な育成ができていないと考えられる。

2. 事業目的
　ツーリズム関連従業者を対象として、高齢者を理解し補助するための知識と技能を身に付けさせ、誰もが旅行を楽しめ、より豊かな生活ができることを目的とする。
　ただし、身体が不自由な方や健康に問題のある方の介護旅行は介護ヘルパーの役割として、この事業の目的とはしない。

3. シニアツアー・サポーターとは
　高齢者の旅行において、さまざまな手助けをする人。旅行計画、行き帰りの交通、現地での受け入れなど各段階でサポートをする人たち。
　おもな対象は、旅行会社窓口、ホテル等宿泊、航空・鉄道・バスなど交通機関、ガイド、添乗員など。

4. 事業概要
1) シニアツアー・サポーターの養成事業
2) シニアツアー・サポーターの利用促進・普及活動

5. 事業主体
ツーリズム関連企業、団体からの参加を集い、一般社団法人、日本シニアツアー・サポーター協会（仮称）を設立し、これを事業主体とする。

6. 事業内容
1) シニアツアー・サポーターの養成事業
　　知識と技能を身に付けるための養成講座を開設（カリキュラム内容詳細は別紙）
2) シニアツアー・サポーターの利用促進・普及活動
　　①HP開設と、定期的ニュースリリースの発行等によるPR活動の実施
　　②地方自治体と協力し、観光誘客のためにPR協力を要請
　　③メディアの協力を得て、利用促進PRの実施
　　④サポーターのフォローアップ研修等の実施

7. 収支予測
　添付「3カ年収支計画」を参照

添付：
1) シニアツアー・サポーター要請講座カリキュラム内容
2) 3カ年収支計画

事 例

19 新製品開発 商品・サービス開発

日南製粉株式会社は粉類を中心に食材を販売する卸である。通販での受注もこれまで実施してきた。業務拡大を狙い、川下での事業展開は以前からの課題であった。今回企画チームから通販での新商品の提案が出された。

ポイント 1 商品開発には小規模からビッグプロジェクトまである

この事例では、自社素材などを組み合わせて新しい商品を開発・販売するケースを扱っている。開発と販売の企画書なので、どんな商品を開発するのか、商品内容を明らかにすると同時に、販売戦略にも言及する必要がある。ここでは「6．販売戦略」で要点が述べられている。

事例は比較的小規模の商品開発なので、企画書もこの程度のボリュームでよいだろう。これに対して、まったく新しい商品を開発するとなると、戦略レベルの企画となり企画書も詳細な内容のものになり、100ページを超えることもある。

ポイント 2 新製品開発では、事前調査が必要

新製品開発で重要なのは、商品化して販売した場合、本当に売れるのか、どのくらいの販売が見込まれるかということだ。このためには新商品のコンセプトができた段階で調査をすることが必要だ。また試作段階での受容性テストを実施する場合もある。

商品の受容性を実際の販売でテストすることもできる。それは通販での販売テストだ。小さな規模で通販を実施し、商品可能性を探り、成功すれば販売対象や販路を拡大すればよい。

新商品「蕎麦打ちセット」の開発・販売企画

1. 背景
熟年層の男性を中心に蕎麦打ちの楽しみが広がっている。蕎麦を食べるだけでなく余暇の過ごし方の1つとして、また家族サービスやホームパーティーなどに"男の趣味"として静かなブームとなっている。

2. 目的
"男の極め蕎麦セット"商品の開発、販売

3. 開発理由
1) 蕎麦は日常的に食されている
2) 蕎麦を手作りすることが、雑誌等で話題になっている
3) 開発商品は、当社の資源が十分活用できる。
   蕎麦粉は当社の食材であり、必要ツールは当社取引先から調達可能
4) 継続的に蕎麦粉の販売が期待できる

4. 商品コンセプト
男の趣味として、楽しみながら本物のそばができ、味わえる
"男の極め蕎麦"

5. 商品内容
1) 蕎麦粉
2) ツールセット(麺打ち棒、こね鉢、打ち台、そば切り包丁、こま板)
3) 「極め蕎麦作法」CD-ROM

6. 販売戦略
1) 販売対象
   40代以上の男性で、食にこだわりのある中年・熟年層の男性が対象
2) 販売方法
   Webを中心とした通信販売(当初テスト販売を行う) ← ポイント❷
3) 仕入れ/販売価格
   仕入れ価格:10,000円
   販売価格:29,800円
   *初期費用として「極め蕎麦作法」CD-ROM制作に200万円
4) 発売時期/販売エリア
   20XX年10月発売開始。全国を対象
5) 販売目標
   初年度 年間3,000セット

添付:
❶ ポイント
1) 開発スケジュール
2) 蕎麦ブームに関しての資料

事　例

20 出版企画 商品・サービス開発

ビジネス書を中心にした産学出版株式会社では、初心者向けのビジネスの基本スキルをシリーズ化する予定で、その中でテーマとして「企画書の書き方」が取り上げられている。制作会社から産学出版担当者（55歳）への企画提案。

ポイント 1 受け手に合わせて企画書を書く

　企画書を「です、ます調」の丁寧な文書にしたのは、事業部長が年配だからだ。こうした配慮も時として企画書には大切だ。

　企画書を書く際にはできるだけ採用決定者は誰か、どんな人なのかを知ろう。年齢や肩書き、性格や趣味なども知っておくとよい。それを知ったうえで、せっかちな人ならばできるだけ要領よく簡潔に、また、数字の好きな人にはできるだけ数字で説得するなど相手に合わせ、臨機応変に企画書を作成しよう。

　相手を知る。それが採用の近道だ。

ポイント 2 競合を研究しよう。

　出版物は類書が多い。ただ類書が多いということはそれなりに売れているということだ。そこで事例の「企画書」の本のように定番商品では類書（競合）をよく研究し、どこかの部分で他と違う特長を付けよう。

　競合の分析は出版だけには限らない。他の商品の開発や販売でも商品の特長や消費者の分析と同時に、競合の分析が重要な要素となっている。

初心者向け「企画書の書き方」出版企画

1. 企画背景
　類書は"企画とは何か"から順を追って説明し、企画書作りを説明しています。本来的には正しいステップですが、今すぐに企画書を提出したい人のニーズには合いません。初心者は表紙の書き方、タイトル付け1つにも悩んでいます。説明だけではなく、文例や企画事例を多く出し、初心者が見て、すぐに書くことができる企画書が求められています。

2. 目的
類書と差別化された、企画書の実践的指導書の出版　　**❶ポイント**

3. 編集方針
1) 対象は初心者で、明日にでも企画書を提出したいという人
2) 誰でも、これを見れば簡単に一定水準の企画書が書ける手引書

4. 特長
1) 実用文例を多数掲載
　　企画書のタイトルの付け方、背景や目的の書き方など、どんな言葉を使うか豊富な文例を掲載します
2) 企画書事例を多数掲載
　　社内向け、社外向けなど50の企画書事例を掲載します
3) 採用されるためのコツを掲載
　　実際に企画を"売ってきた"著者の経験から企画が採用されるためのポイントを解説します

5. 体裁
四六判、2色、200ページ程度
文字数　30W×27L

6. スケジュール
12月末	原稿アップ
1月末	初稿
2月中	初稿戻し
2月末	再校
3月中	再校戻し
3月末	印刷入稿
4月中	刊行

7. 構成案
添付詳細

事例

21 ブランド開発 商品・サービス開発

首都電鉄では、田園線の紅葉丘の再開発の一環として、グレードの高いスポーツ施設の開設を準備している。ネーミングやブランディングで実績のある西脇ブランド研究所に施設のブランド名開発が依頼された。担当から首都電鉄担当者への企画書

ポイント 1 開発のステップをまず確認しよう

　この事例は実作業に入る前の開発戦略の企画書だ。

　一般的に、ブランド名開発を依頼された場合に、すぐにコピーライターなどに案を作らせ提案することはしない。商品やサービスの分析とポジショニングを行い、開発の方向性の合意を得てから初めて実作業に入る。基本コンセプトの合意がなければ開発者もどのような方向でネーミング発想をするべきかわからない。

　さらに開発の実作業の段階を明確にし、発想メンバーが提出した候補案をもとにした調査を提案している。商品やブランド名の選択基準は難しい。覚えやすい、見やすい、発音しやすいなどの一定の基準があってもその基準をクリアした中から選ぶとなると選択に迷う。そんな時に調査結果が役立つ。

ポイント 2 商標や意匠登録

　商標や意匠登録に気を付けよう。せっかく苦労してよい名前が決まっても、ほかの会社で登録されていて使えないケースは多い。特に短い名称は要注意。候補案がある程度絞られたところで簡易チェックをする。Webで特許電子図書館（独立行政法人工業所有権情報研修館）で調べられる。この簡易チェックを通過して大丈夫な案をお勧め案としよう。

御社スポーツ施設ブランド名開発

ポイント ❶

1. **開発戦略**
   1) ターゲット
      メインターゲット：30代以上主婦
      サブターゲット：60歳以上男女
   2) 施設ロケーション
      田園線紅葉丘駅徒歩3分。ハイセンスな郊外ショッピングタウン。住人は一戸建て持ち家所有者が多く、高学歴者が多い。健康意識も高く、自然食品等の愛好者も多い。
   3) 施設内容・特長
      クオリティ高い外観と自然を意識した内装で、いわゆるスポーツジムにありがちな無機質・機能優先ではない。豊富なエクササイズマシンと50m×4ラインのプールを有する。また他の施設に先駆け、整形外科を施設1Fに誘致し、整形外科医と提携し施設利用者の体づくりや腰痛等の予防および健康管理を行う。
   4) 利用者のベネフィット
      落ち着いた環境で、自分にとって無理なく体作りができる
   5) 施設のパーソナリティ
      本物・ゆとり・洗練性・若々しさ

2. **基本コンセプト**
   スポーツ・ヘルスケアの楽しみ

3. **ブランド名開発実施方法／開発期間**
   1) 開発の方向性提示、確認／2週間
   2) ブランド名発想、候補案提示（簡易チェック済）／1週間   ポイント ❷
   3) 候補案について、ターゲット層での受容性調査／2週間
   4) 最終決定
   ＊発注後5週間でブランド名を決定

4. **費用**

ネーミング開発費	¥800,000
調査費（街頭調査・200サンプル）	¥400,000
合計	¥1,200,000

添付
   当社コピーチーム紹介および作品例

事 例

22 商品改善 商品・サービス開発

東邦物産株式会社は、業務用スパイスの大手。これまでB-to-C商品として一般向けの固形カレー商品を販売してきたが、競合も多く、販売に苦慮している。そこで従来の商品を新たな視点で改善した新しい商品が考えられた。

ポイント 1 戦略重視の企画書

この事例では企画書の半分以上が基本戦略で占められている。既存商品をどのように改善するかが問題であり、それを解決するための戦略が重要だからだ。ここでは商品案として、タイトルだけが書かれているが、実際の企画書では1つひとつの商品案に対して、具体的な説明が必要になる。特に食品は味が決め手だ。企画書を読む相手が納得できる"味"の表現をしよう。

ポイント 2 イメージボードが理解を助ける

商品案やコンセプトを説明する際に、文章だけでなく、写真やイラストなどを加えて内容理解を助ける工夫をすることも有効だ。例えばマハラジャカレーなら、王宮の生活、豪華な食事などを写真コラージュで作成し、中央にカレーのダミーを載せたボードを作成すると、新商品のイメージが伝わりやすい。

このように、企画書では文書だけでなく、写真やイラスト、図表などをうまく使うことで、見る側の理解を助け、深める工夫をすることがある。特にプレゼンテーションでは文字ばかりでは退屈で印象も薄い。無料のイラストや写真がWeb上にあるので、上手に利用して相手の興味を呼び起こし、インパクトのあるプレゼンをしよう。

一般家庭用手作りカレースパイスセット販売企画

1．提案目的
　業務用専業からの脱却をめざして、新たな販路の拡大が課題となっている。そこで、当社の強みを生かして、新たに一般家庭を対象としたカレースパイス商品を開発することを企画した。

2．現状分析
1）消費者調査から、一般家庭でも本格的なカレーが求められている
2）カレー商品は、レトルトや即席固形カレールーが主流で、スパイスを組み合わせた本格カレー商品は少ない

ポイント❶

3．基本戦略
1）対象
　　30代以上男女。従来の固形ルーに物足りない、カレーこだわり層
2）商品
　　当社のスパイスを小分けにして組み合わせた、オリジナルカレーセットを販売。数種類のセットを同時発売する
　　【商品案】
　　　北インドカレー
　　　南インドカレー
　　　東南アジア風カレー　　**ポイント❷**
　　　欧風カレー
　　　激辛インドカレー
　　　マハラジャカレー
3）商品構成・形態
　　商品ごとにカレースパイスの小袋を組合せ、真空パックに詰める。
　　1セット5人前
4）販売価格
　　1セット500円
5）販路
　　スーパー。
　　静岡地区で限定のテスト販売を実施し、結果により全国展開を行う

4．開発スケジュール
　約2カ月

添付資料
　当社実施「カレーに関する諸費者調査」報告書

事例

23 販促キャンペーン 販売促進

あおぞら生命保険では創立50周年を記念して、お客様への感謝と、新規成約の獲得を目指して販売促進キャンペーンを実施したいと考えている。そこで、販促企画会社、株式会社トップスに提案を依頼した。株式会社トップスからあおぞら生命広報担当者への提案書。

作成のポイント 1 企画書に慣れたら、柔軟に書こう

　企画書の構成は「背景」「目的」「戦略」「実施計画」が基本だが、慣れてきたら必ずしもこの構成に従う必要はない。提出先が何を求めているかを知り、求めている内容に合うように書けばよい。この事例では「提案の前提」で条件を確認し、基本の方向性「企画の基本方針」が書いてあるだけで、後は2つの企画アイデアを並べている。構成としては不十分のようだが、実務的にはわかりやすい企画書になっている。

　ただ、企画書にまだ慣れていない人は構成の基本を守ろう。ともかく最初は忠実に型どおりの企画書を書き続けることが重要だ。何回か書くうちに企画書の型が身に付いてくる。そうすれば後はテーマや内容、相手先の要望などにより、ある程度自由に書けばよい。

作成のポイント 2 平凡なアイデアもばかにできない

　事例に挙げた「みんなの応援歌ベスト10」や「あおぞら川柳大会」は目新しい企画ではない。ただ、平凡なアイデアでも実施すると結構評判がよいことが多い。平凡なアイデアを採用させるためには、ちょっとした工夫、味付けをしよう。事例では「あなたが元気になる曲」とし、今の世相を反映させている。

あおぞら生命「お客様感謝キャンペーン」

【提案の前提】
1) 創立30周年のお客様向け感謝キャンペーンとして実施する
2) 見込み客発掘・獲得支援としても一定の結果を出す
3) 保険会社としてふさわしいテーマ（例えば「健康」「家族」など）を選定する
4) 予算総額は5,000万円とする

【企画の基本方針】
1) 「健康」などまじめで固いテーマでも、お客様が楽しく、気軽に参加してくれる内容とする
2) どの世代でも参加（理解）できる内容とする

企画提案1：みんなの応援歌ベスト10
1. 企画概要
   昭和、平成のヒット曲から「あなたが元気になる曲」を選んでもらいその結果を集計し、みんなの応援歌として年代別にベスト10を決める　　　←ポイント❷
2. 実施方法
   ①昭和・平成のヒット曲を列挙したアンケートカードを作成。営業がお客様に持参し自分のベスト10を記入してもらう。アンケートを集計し、みんなが選んだベスト10を決定する
   ②みんなが選んだベスト10に該当する曲を選んだ人にはその曲のCDをプレゼントその他の人にも参加賞を渡す
3. 実施概算費用
   添付参照

←ポイント❶

企画提案2：あおぞら川柳大会
1. 企画概要
   「健康」をテーマにして、川柳を募集。識者に評価してもらい、優秀作を集めブックレットにし、販促ツールとして活用する
2. 実施方法
   ①川柳応募はがきを作成。宛先はあおぞら生命キャンペーン係りとする。裏面に応募詳細説明と川柳記入欄を設ける。はがきは営業が回収するか、ポスト投函とする
   ②優秀作20点　グルメギフト5,000円券
   ③さらに応募者から抽選で2,000名にグルメギフト3,000円券プレゼント
3. 実施概算費用
   添付参照

事例

24 オープン懸賞 販売促進

ベリークリンはアイスクリームのチェーン店で、首都圏など全国500店舗を展開している。この冬、特にクリスマスにアイスケーキブランド"スノウアイスケーキ"の販売増を狙っている。販売促進チームが作成した販促キャンペーンの企画。

ポイント 1 キャンペーンとコンセプト

「新商品発売キャンペーン」とか化粧品の「サマーキャンペーン」や「新入学お祝いキャンペーン」など、よくキャンペーンという言葉が使われる。もともとの意味は"戦い""ある目的をもった運動"だが、広告やセールスプロモーションでは"一定の期間にテーマを設定し、広告やセールスプロモーション活動をする"こととして使われている。

キャンペーンではコンセプト設定が重要。1つのテーマでさまざまな活動を統一的に展開するにはこれをしっかりと決める。コンセプトは文章を短くまとめたスローガンにしたい。この事例では「暖かな部屋でプレミアムな味わいを」としている。これをキャッチコピーとして、広告や販促物に使うこともできる。

ポイント 2 懸賞広告の注意点

懸賞の解答はできるだけやさしくする。懸賞広告の目的はブランド名を覚えてもらうことやブランドに愛着をもってもらうことだ。解答を難しくすればブランドが嫌われてしまう。

また、懸賞広告を告知する方法をよく考えよう。アイデアに富んだすばらしい懸賞を考えても、その懸賞を知らなければ応募のしようがない。

クリスマス販促オープン懸賞企画

1. 提案目的
スノウアイスケーキの話題性喚起と予約購入促進

2. キャンペーン戦略
1) キャンペーンコンセプト
   暖かな部屋で、プレミアムな味わいを ← ポイント ❶
2) キャンペーン方法
   ①オープン懸賞キャンペーンの実施。
   　キャンペーンコンセプトをできる限り広く正確にターゲット層に伝え、スノウアイスケーキを再認識してもらい、購入予約に結び付ける
   ②店頭での購入予約者には、漏れなくスピードくじを実施
3) ターゲット
   おもに30代以上主婦
4) キャンペーンエリア
   全国
5) 期間
   11月20日 〜 12月20日

3. キャンペーン実施概要 ← ポイント ❷
1) オープン懸賞
   ①仕組み
   　キャンペーンコンセプトの伏字に文字を入れてもらい、官製はがきか、店頭備え付けはがきで応募してもらう。
   　「暖かな部屋でプレミアムな味わい○○○アイスケーキ」
   ②応募締め切り
   　12月20日消印まで有効
   ③賞品
   　特賞：2組　カナダ4泊5日の旅
   　スノウ賞：20組　北海道2泊3日の旅
   ④発表
   　12月24日夕刊紙上で発表
2) スピードくじ実施概要
   店頭で、三角くじを実施し、当選者にはカップアイスをプレゼント
3) 告知方法
   新聞夕刊広告とPR。 広告では店頭での予約購入を誘う

4. 費用／スケジュール
添付

事 例

25 デモンストレーション販売 販売促進

初島化学株式会社では、特殊な用具と汚れ落ちのよい洗剤を組み合わせたガスコンロ専用のクリーナー「あっとクリン」を新発売した。年末大掃除の需要に合わせ、使い方と汚れ落ちを実際に見てもらうためにデモンストレーションの実施を企画した。

ポイント 1 企画理由は簡単でも説得力が欲しい

　事例では企画理由として①広告では伝わりにくい使い方と効果を実演②量販店からの希望の2点が挙げられている。文章にして3行ちょっとの短い理由説明だか、説得力は十分にある。汚れ落ちなどの効果はプリント媒体ではなかなか伝わらない。テレビCMならよいが、広告費は膨大だ。その点デモンストレーションは費用もかからず、一番の利点は販売ポイントでの実演という点だ。インパクトのある実演は消費者の心を動かす。

　また、量販店からの希望もメーカーとしては無視できない重要な要素だ。

　こうして考えると、説得のポイントさえ押さえれば、文章の長さは関係ない。逆に短ければ短いほど簡潔でよいと言える。

ポイント 2 デモンストレーション販売とは

　デモンストレーション販売は、通称デモ販ともいわれ実演販売のこと。商品の利点や効果を実際に消費者の前で見せ、その場で販売を行う手法。スーパーの食品売り場などでよく見かける販促活動だ。これに似たものにサンプリングがあるが、こちらはサンプル商品を配布するだけ。実際に販売は行わない。

"あっとクリン"デモストレーション販売企画

ポイント ❶

1. デモ販企画理由
「あっと驚くような汚れ落ち効果」がこの商品の特長。
広告ではなかなか伝わりにくい使い方と効果を実演することで、販売に結び付けることができる。また取扱い販売中の一部量販店からも、デモ販のサポートを求める声が出ている。

ポイント ❷

2. デモ販目的
新製品"あっとクリン"の商品理解を高め、販売に結び付ける

3. 実施概要
1) 期間　11月1日 ～ 30日　30日間
2) 実施場所　都内量販店（添付実施予定場所と実施日リスト参照）
   期間内1日1箇所、計30箇所を巡回実施
3) 実施スタッフ
   デイレックター1名＋デモンストレーター1名　計2名
4) デモ販内容
   ①油汚れのひどいガスコンロを"あっとクリン"で洗浄し効果を見せる
   ②来店客に簡単な使用方法と汚れ落ち効果を試してもらう
   ③来店客にチラシを配布
   ④キャンペーン価格として10％割引で販売。
   　また、購入者には当社風呂洗い洗剤の試供品をプレゼント
5) 準備
   ①"あっとクリン"仮設陳列台
   ②ガスコンロ
   ③配布チラシ
   ④風呂洗い洗剤試供品

4. 費用

企画・打合わせ費	¥200,000
デモンストレーター費用　1日 ¥40,000 × 30日	¥1,200,000
仮説陳列台・ガスコンロ	¥100,000
配布チラシ制作	¥200,000
合計	¥1,700,000

添付資料
1) 実施予定場所と実施日リスト
2) 仮設陳列台での商品陳列例

事例

26 サンプリング 販売促進

フルジョイ食品株式会社では、これまでにない刺激で眠気を覚ます新製品「アウエイク」を発売することになった。まず、ドライバー対象に販売促進活動を実施しようと考えている。セールスプロモーション会社の株式会社AZからの企画書。

ポイント 1 有効手段は何かをまず説明

実際に試してみると商品を理解できる商品、例えば化粧品や家庭用品などにはサンプリングは有効なプロモーション手段だ。飲料やキャンディーなど、その場で試すことのできる商品なら一度実施したい方法と言える。まず企画書ではこの点に触れよう。そして「目的」から「実施概要」に進むと説得力がでる。

ポイント 2 ビジュアルで企画を補強しよう

企画を魅力的に見せるため、事例のように「サンプリング実施の想定イメージ図」を用意したい。デジカメでサンプリングの想定場所の写真を撮り、イラストでサンプリングの様子を組み込むことが簡単にできる。言葉で伝えるのが難しいことも、ビジュアルで表現すれば簡単で、しかもインパクトがある。

ポイント 3 サンプリングでの注意

実施場所に注意しよう。どこでもできるわけではない。この事例の場合はパーキングエリアを管轄する会社に許可を取る必要がある。また道路など公共の場所で行うためには道路占有許可を警察から取る必要がある。

新発売「アウェイク」サンプリング企画

ポイント ❶

1. 提案概要
　「アウェイク」はこれまでにない刺激で眠気を覚ますことを特長とした、キャンデーであり、主要ターゲットはドライバーとしている。販売を促進するためには商品特長をターゲット層に"実感"させることが重要。
　そこで、ドライバーとの直接のタッチポイントである高速道路パーキングエリアでのサンプリングによる試供品の配布がもっとも適切な方法と考える。

ポイント ❸

2. 実施目的
　"アウェイク"の商品特長を体感させ、継続販売に結び付ける

3. 実施概要
　1）実施期間：4月1日 ～ 5月下旬までの毎土曜・日曜・祝日
　2）実施場所：東京近郊SA　4箇所
　　　①東名高速海老名SA、足柄SA　　各5回 × 2箇所=10回
　　　②東北自動車道佐野SA、羽生SA　各5回 × 2箇所=10回
　　　　　　　　　　　　　　　　　　　　　　　　　合計20回
　3）サンプリングチーム構成　一箇所当り合計5名
　　　①ディレクター（当社男性社員）1名
　　　②サンプリングスタッフ（当社登録スタッフ 女性）4名
　4）実施方法
　　　①サンプリング用「アウェイク」小袋（5つ入り）とミニチラシ配布
　　　　この際、できるだけ開封し、1粒体感してもらう。
　　　③「アウェイク」テーマソングをバックで流す
　5）準備物
　　　①サンプリング用「アウェイク」3000袋
　　　②配布チラシ
　　　③「アウェイク」のぼり旗および、テーマソング用機器

4. 実施報告
　毎回サンプリング終了後、記録写真を添付した報告書をディレクターが月曜午前中までに本社に報告。本社で集計し、月曜中に報告書を提出

5. 費用
　添付費用明細参照

添付資料
　1）実施詳細（見積もり添付）
　2）SAでのサンプリング実施想定イメージ図

ポイント ❷

事例

27 ディスプレイ 販売促進

コスモ旅行株式会社では、今年の重点商品として、奈良への熟年向けパック旅行「まほろば紀行」を新発売する。そこで各店舗にディスプレイを実施することになった。セールスプロモーション会社の株式会社AZからの企画書が提案された。

ポイント 1 まず場を考えて、コンセプトを固める

　ディスプレイ企画で大切なことは、場とコンセプトだ。1箇所だけならよいが、複数の店舗にディスプレイを実施する場合は経済効率を考えたサイズを考える必要がある。1サイズが一番だが、無理なら3サイズぐらいのディスプレイを考える。

　また、コンセプトと留意点に関してはできるだけ詳細に詰めよう。コンセプトで方向性が固まらなければデザインはできない。

ポイント 2 デザインと完成物は違う

　ディスプレイの企画はなかなか難しい。企画デザインと実際の施工物が100％同じにならないからだ。デザインは紙の上にペイントで描かれるが、施工物は作るものにより素材が決まり、それぞれ質感がある。例えばステンレスにヘアーライン（細い筋模様）の仕上げがしてある場合、デザインでその質感を表現するのは難しい。またデザインでは色の調合により微妙な色づかいができるが、ディスプレイの素材では色が限られることが多い。例えばアクリルの場合なら、素材の定番色は限定されている。微妙な色がほしければ特注することになり、時間と費用がかかる。カーペットや床材なども同様だ。こうした点もデザイン提案の段階で説明をしておこう。

熟年向けパック旅行商品
「まほろば紀行」ディスプレイ 企画

1．目的
新商品「まほろば紀行」への興味喚起と、カウンター誘客の促進

ポイント ①

2．基本コンセプトと留意点
新商品としての"登場感"と、奈良というディスティネーションおよび熟年層を意識して、"ゆとり""ゆったり感"を感じさせるトーン＆マナーを基本とする。
店頭およびカウンターに誘客するための仕掛けを考える。

3．ディスプレイ内容
1) 店舗ウインドウディスプレイ（添付デザイン参照）
来店客はもちろん、通行人にもアピールするデザインにする。
M・S・Lの3サイズのパネルディスプレイを作成。店舗ウィンドウのサイズにより適切なパネルを取り付ける。既存吊り下げレールを利用
2) 店内吊り下げ看板（添付デザイン参照）
カウンター後方の営業フロア天井からパネルを吊り下げる。
内容は「まほろば紀行新発売」とする
3) 店内コーナー陳列（添付デザイン参照）
店内コーナーにキャラクターである"奈良せんとくん"人形を展示する

4．工事実施概要
1) 2月5日 午後3時～8時に全店（40店）で一斉に工事
2) 工事スタッフ10班（各班2名構成）各班4店舗を工事する
3) 前日までに各店舗にディスプレイ物を搬入
4) 取り付け工事本部は当社内に設置。緊急対策として1班を別途準備する

5．費用

企画デザイン料	¥600,000
ディスプレイ制作費一式	¥12,000,000
取り付け工事費	¥1,000,000
合計	¥13,600,000

6．スケジュール
添付取り付け工事スケジュール一覧参照

添付資料
1) ウインドウディスプレイ・店内吊り下げ看板・店内コーナー陳列デザイン
2) 取り付け工事スケジュール一覧
3) 取り付け工事体制（連絡表含む）

事 例

28 販売促進ミックス 販売促進

ベアウイスキーでは、ウイスキー需要喚起のために今般大規模なキャンペーンを計画している。テレビCMと雑誌、それにWebを連動したキャンペーン企画が東亜エージェンシーから提案された。これはキャンペーンの販売促進部分の企画書。

ポイント 1 総合的な企画書とは

　大規模な商品キャンペーンなどでは、販売促進だけを単独に実施するのではなく、広告やPRなどの活動と連動させることが多い。この事例では、広告やPRの企画も含めた総合的な企画書の販売促進のパートだけを見せている。こうした場合注意すべき点は、全体としての一貫性だ。広告、PR、販売促進全ての活動が互いに補完するように組み立てられていなければならない。

　一般的に総合的な企画書の構成は以下の通りとなる。

　　1）キャンペーン背景
　　2）目的
　　3）基本戦略
　　4）広告戦略・計画
　　5）PR戦略・計画
　　6）販売促進戦略・計画

ポイント 2 流通への事前根回しがキー

　販促キャンペーンでは流通（酒販店や量販店）にキャンペーンの内容を事前にアピールし、協力を求めることが大切だ。販促を告知する広告の実施概要など、キャンペーン案内チラシを作成し、販促物と一緒に事前に配ろう。

ベアーウイスキー販促キャンペーン展開案

1．キャンペーン背景
 1）ウイスキーの需要は下がっており、新しい需要開拓が急務である
 2）酒店や量販店から需要喚起の対策が求められている

2．キャンペーン目的
 1）ベアーウイスキーの指名買いの促進
 2）酒店、特に大型量販店の販売サポート

3．キャンペーン戦略
 1）基本戦略
  ウイスキーの新しい飲み方の提案。若者たちの需要を喚起するために、さわやかな飲み口のハイボールレシピを紹介。また、スタイリッシュな飲み物としてのイメージ定着を狙う
 2）キャンペーンコンセプト
  今回の広告テーマ「スタイリッシュ　ハイボール」を販促でも共通して使用する。タレント野上靖史のイメージとハイボールを強調する
 3）べた付け+オープンの懸賞のダブルプレゼントを販促の軸とする（添付参照）
 4）主要店舗では店頭での試飲キャンペーンを実施する（添付詳細参照）
 5）ポスター、のぼり旗、陳列BOX、POPなどディスプレイをする（添付参照）

4．実施詳細
 1）ダブルプレゼント概要（添付参照）
 2）試飲キャペーン概要（添付参照）
 3）販促制作物リスト、デザイン（添付参照）

5．実施スケジュール

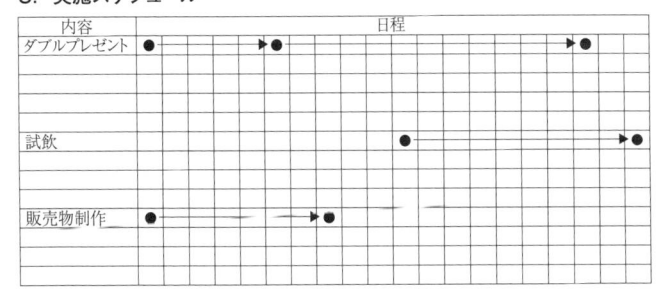

内容	日程
ダブルプレゼント	●　　　▶●　　　　　▶●
試飲	●　　　▶●
販売物制作	●　　　▶●

6．費用
 添付参照

事例

29 Webプロモーション 販売促進

> ペットブランドの"愛犬ワンダー"では、自社Webサイトを改善し、ペットケーキを販売することになった。そこで担当者から上司に対してプロモーション企画が提案された。

ポイント 1 Webサイトではメールアドレスと獲得することがキー

　Webサイトを展開する上で一番重要なのは自社のサイトにアクセスを増やし、対象者のメールアドレスをいかに獲得するかということだ。こちらから魅力あるEメールプロモーションをしたくてもリストがなければ出せない。そこで会員限定の有益な情報提供のほか、プレゼントやクイズなどの仕掛けをして、ともかくメールアドレスを獲得しよう。

　Eメールのよいところは多少質の悪いリストでもかまわないという点だ。メール配信のコストがとても安いので、興味本位のアクセス者にもメールを配信することができる。DMの場合は印刷代、送料などコストがかかり、優良なリストを見つけなければコスト倒れの危険性がある。その点が大きな違いだ。

　また即時性も大きな利点だ。カタログや印刷媒体ならデザインから印刷発送まで早くても3～4週間かかってしまうが、Eメールならごく短期間でメールを配信することが可能だ。たとえば、すでに売り切れている商品を取り去り、新しい商品の案内をするなど部分変更もすぐにできる。

　これからは広告やPRなどの活動もURLを強調しWebサイトに誘導する方向がますます増えるだろう。

Webサイト　プロモーション計画

1．目的
　"ペットケーキ"の注文を促進する

2．プロモーション戦略
　1）Webサイト"ペット家族"へのアクセス拡大
　2）"ペット家族"会員登録者を募り、メールアドレスを獲得する
　3）Eメールでのプロモーション活動を行い、"ペットケーキ"の注文を獲得する

ポイント❶

3．展開方法
　1）アクセス拡大方法
　　　①SEO対策の実施
　　　②関連サイトとのリンクとサーチエンジンへの登録
　　　③プレゼントやクイズなどキャンペーンを実施

　2）メールアドレス獲得方法
　　　①有益な情報、サービスを登録者だけに提供する
　　　　例）わんちゃんが喜ぶペットメニュー
　　　　　　わんちゃんの体調管理法
　　　　　　わんちゃんと行けるリゾートホテル
　　　　　　獣医さんリスト
　　　②登録者だけの掲示板の設置
　　　　わんちゃん愛好家の掲示板、2ショットチャットの実施ほか
　　　　＊登録時にアンケートを行い、登録者情報をとる

　3）プロモーション方法
　　　①Webサイトで、常時「大切な日に、ペットが喜ぶペットケーキをアピールする」
　　　　Webで簡単にオーダーできるよう誘導
　　　②誕生日通知メール
　　　　わんちゃんの誕生日の1カ月前に誕生日通知をし、オリジナル「ペットケーキ」の予約注文をとる。また、家族の誕生日やクリスマスなどのイベントの前に同様に通知を出し、家族の一員としてペットもケーキを一緒にと呼びかける
　　　③ペット用品やペットフードなどで、キャンペーン商品を設定し割引で販売
　　　④その他

4．スケジュール・費用
　添付

事例

30 広告キャンペーン 広告企画

関東地区を中心に全国展開をしている玩具の「トイフルランド」では、クリスマスと正月の販売拡大期に広告キャンペーンを実施する予定である。そこで総合広告の株式会社ワールド企画から、企画提案が出されてきた。

ポイント 1 総合的な広告キャンペーンとは

　ここにあるのはテレビ、新聞折込、交通広告と3種の媒体を使用したキャンペーンの事例である。このように数種の媒体（メディア）を組み合わせて使用することをメディア・ミックスという。それぞれの媒体特性を生かして相乗効果を狙っている。テレビ媒体だけの単独キャンペーンということもあるが、キャンペーンの場合は通常このようにいくつかの媒体を使用する。

ポイント 2 戦略の書き方

　ここでは「基本戦略」「媒体戦略」「クリエイティブ戦略」と3つの戦略が書かれている。

　「基本戦略」で全体の枠組みを示し、「メディア戦略」ではどんな媒体を選んでいるか、またその理由を簡単に書いている。さらに「クリエイティブ戦略」でどのような表現をすべきかの規定をしている。このように総合的なキャンペーン企画では最低「媒体」「クリエイティブ」の2つの戦略は書くべきであり、さらに必要であれば「販売促進戦略」が書かれる。ここには書かれていないが、「媒体戦略」の後には具体的な「媒体計画」が来る。TV広告、新聞折込、交通広告を、いつ、どのように使用するか、表組みにして見せるとよい。

クリスマス・正月商戦広告キャンペーン

ポイント ❷

1. **目的**
   トイフルランドへの興味を喚起し、対前年比20%増の売上を獲得する。

2. **基本戦略**
   1) 2000円～3000円のお手ごろ価格の商品品揃えの豊富さをアピールし、大量集客を狙う
   2) メディアミックスにより、ターゲットリーチを広げ、店頭誘客の拡大を図る
   3) ターゲットは子供を持つ30代以上の男女
   4) エリアは全国。東京地区を重点地区とする
   5) キャンペーン期間は11月15日から1月5日まで

   ポイント ❶

3. **媒体戦略**
   1) メイン媒体としてTV広告を実施
      従来新聞折込広告だけを使用してきたが、ターゲットリーチを広げ、広く話題性を喚起するために、マスメディアであるTVスポットを実施する。
   2) サブ媒体として新聞折込広告を継続
      絞り込んだターゲット層に商品ラインアップを十分に紹介し、店頭誘客するために従来の新聞折込広告を継続実施する。
   3) 東京地区では、交通広告を実施
      特区に父親層を狙うために、交通広告中吊広告を実施する。

4. **クリエイティブ戦略**
   1) キャンペーンコンセプト：「ジョイフル、愛フル、トイフル」
      トイフルには、沢山の楽しい贈り物と、愛があふれている
   2) トーン&マナー
      うきうきする楽しさと、温かさ
   3) デザイン例
      添付参照

5. **スケジュール**
   8月末　キャンペーン内容決定
   9月中　媒体手配開始。交通広告・新聞折込デザイン、CM制作開始
   10月末　CM、交通広告ポスター、新聞折込チラシ完成
   11月初　CM等資材媒体手配

6. **費用**
   別紙明細

   添付：媒体計画／キャンペーンデザイン例

事例

31 新聞広告　広告企画

> 高級会員制リゾートクラブ「ヴィラ・レジェンド」の会員募集広告の企画。主要ターゲットは50代以上の可処分所得の高い男性。できるだけ多くの問い合わせがほしい。対象エリアは全国。予算は3000万円。広告会社からの企画書。

ポイント1　正統派の企画書

　事例は得意先からのブリーフィングを基にした広告企画書の典型といえる。まずブリーフィング内容を「企画要件」として簡単に確認し、「目的」「戦略」「実施計画」「スケジュール」「予算」が簡潔に書かれている。一般的に簡単な企画書ならこの程度の1枚ものでも十分相手の判断を仰げる。広告デザインについてはこの企画書が承認されてからでよい。

ポイント2　媒体選択を考える

　事例での戦略上のポイントは媒体選択だ。予算さえあれば媒体としてもっとも注目率が高いのはテレビ広告である。しかし3000万程度だと単発の広告に終わってしまう。リゾートクラブの会員募集の場合はある程度説明が必要となるが、テレビでは15秒スポットが中心なので詳しい内容説明はできない。また、信頼性も大切だ。さらにターゲットが50代以上の男性という点を考えると新聞広告がもっとも適切となる。

　新聞広告で注意することはスペース確保だ。新聞は1カ月以上前に申し込みをする。混雑しているとスペースが確保できないこともあるし、必ずしも希望する紙面に広告が出せるわけではない。企画の段階でスペースの空き状況を確認しておきたい。

「ヴィラ・レジェンド」広告企画

ポイント ①

1. 企画要件
1) 高額な会員権の販売であり、信頼性を与えることが重要
2) 新規募集のために、知名度を高める必要がある
3) 施設内容等、ある程度の説明が必要
4) 広告からできるだけ多くの問い合わせを取りたい
5) 予算約3000万円

2. 広告目的
「ヴィラ・レジェンド」に対する認知、理解を促進し、資料請求を得る

3. 広告戦略
1) ターゲット： 男性50歳以上の可処分所得の高い層
2) エリア： 全国
3) 媒体選択：企画要件およびターゲットと対象エリアから、信頼性を担保し、十分な説明を行うために新聞広告を実施する　**ポイント ②**
4) 使用媒体：ターゲット層への効率的訴求を考えて日経新聞を使用する
5) 期間： 20XX年3月

4. 実施計画
1) スペース・実施回数
   全15段広告　2回
2) 広告内容
   上部8段は、取材記事風広告として、「ヴィラ・レジェンド」を紹介
   下部7段は、純広告として登場感を強くアピールし、会員特典詳細を説明。また資料請求部分を目立たせ、資料請求を誘導する

5. 実施スケジュール
2月初旬： 広告デザイン打ち合わせと新聞申し込み
2月中旬： 広告デザイン確定、入稿原稿作成
2月末：　 フィルム完成、新聞社送稿
3月：　　 広告掲載、資料請求受付、資料発送

6. 費用
日経新聞全15段　1,500万円 × 2回 =	3,000万円
デザイン費	150万円
合計	3,150万円

事例

32 雑誌広告 広告企画

ジェーンロウ化粧品株式会社では、多角化の1つとして食品分野へ参入する。第一弾の商品として美容食品「スリムアップ」が開発された。その広告展開のための企画書が広告会社の株式会社創通から提案された。

ポイント 1 図表化、ページ分けで見やすく

事例は前頁の「新聞広告」と同様にフルスペックの企画書である。これに雑誌デザイン案が別途提案されれば完璧だ。

ここでは実施計画は簡単な表組みにしてある。いつ、どんな雑誌で、どんなスペースで何回実施し、いくらかかるかが一見してわかる。何誌もの雑誌を一定期間広告展開する実施計画は、表組みにして見やすくしよう。

もっと見やすくするなら、あるいはプレゼンテーションをするなら5枚程度の企画書（横書きでPower Pointで作成）にしたほうがよいだろう。1枚目は「背景」。2枚目は「目的」「コンセプト」「戦略」、3枚目に実施計画の表と媒体選択理由。4枚目にデザイン案、そして5枚目に添付資料として雑誌データを付けるとよい。

ポイント 2 編集タイアップという手法

ダイエット食品は広告表現が規制される。このため規制範囲内で最も効果的と思われる訴求方法が求められる。事例では雑誌社と打ち合わせ、その雑誌の記事と同じようなレイアウトや文章の"記事風広告"を提案している。このように編集タイアップ手法も企画ポイントだ。

美容食品「スリムアップ」広告展開

1. 背景
1) 自然素材100%。便通を良くし、食べてやせる美容食品
2) 特保（厚生労働省許可特定保健用食品）の認可を受けていないため、効果効能は言えない
3) 食品分野は新規参入である
4) 基礎化粧品として「ジョイアップ」は知名度は一定程度ある
5) 体型を整える商品は恒常的な需要が見込まれる

2. 目的
新商品[スリムアップ」の認知を高め、手軽に美しい体型になれることを知らせる

3. 広告コンセプト
"自然の力で、体の中から輝く"

4. 媒体戦略
1) ターゲット：10代および20代女性
2) 広告期間：夏休み前、4月〜6月の3カ月間
3) エリア：東京、大阪を中心に全国
4) 使用媒体：信頼性と安全性の点からは新聞広告が考えられるが、ターゲットへのリーチを考え、雑誌広告を集中的に使用する。

5. 表現戦略
　この種の商品は競合も多く、消費者の目も厳しい。また特保ではないので"やせる"という効果効能を直接に表現することはできない。信頼性や説得力を考慮し、純広告ではなく編集タイアップ広告とし、"記事風"広告とする。

6. 実施計画

雑誌名	スペース	単価	回数	金額	掲載予定		
					2月	3月	4月
○○誌	4C×2P					●	●
○○誌	4C×2P					●	
○○誌	4C×2P				●		●
○○誌	4C×2P				●		
○○誌	4C×2P					●	
○○誌	4C×2P				●		●
○○誌	4C×2P				●		

各誌選択理由（別添）

7. 実施費用　　　¥50,000,000

8. スケジュール　　添付参照

事 例

33 テレビ広告 広告企画

動物たちとの触れ合いを楽しむ「伊豆どうぶつランド」では例年夏場の繁忙期を対象にして、テレビスポット広告を実施している。今年も例年通り実施することになり、広告会社から実施計画が提案された。

ポイント 1 実施案は簡潔に

　例年実施しているテレビスポット広告なのでテレビ媒体の特性や効果といった説明はいらない。実施計画案なので、要点を簡潔に述べる。ただし、目的や戦略はきちんと書くこと。使用するCMに関しても、簡単でよいから方針だけは書こう。

　実施計画は前述の「雑誌広告」と同様に表組みとすると分かりやすい。受け手はテレビスポットの取り引き方法やコマーシャルの放映枠の取り方なども知っている。先方の一番知りたいことはどの時期に、どこのテレビ局で、この予算範囲でどのくらいの量のテレビ広告ができるのかということだ。あまり説明をせずに箇条書きで計画案を見せる。

ポイント 2 テレビスポットの購入は複雑

　テレビスポットは、テレビ局ごとに季節や需給バランス、曜日や時間帯などの放送枠により料金が異なる。またスポットの購入も1本単位ではなくGRP（Gross Rating Point＝延べ視聴率）単位での購入となるなど取引条件は複雑。初めてテレビスポットをする得意先には実施案のほかにテレビスポットの購入方法やコスト設定などをわかりやすく解説した説明書を作成し理解を得る必要がある。

夏期テレビスポット広告実施案

1. 目的
「伊豆どうぶつランド」の認知を高め、夏場の来場を促進する

2. テレビ媒体戦略
1) 対象
   メインターゲット：小学生の子供をもつ母親
   セカンダリー・ターゲット：若いカップル
2) 使用局
   多くのターゲット層に広告を到達させるため、複数局を使用する。視聴率が高く、夏場の料金の安い○○テレビ局を中心とし、次に視聴率のよい△△局をサブとして使用する。
3) 広告期間
   7月1日～7月31日（1カ月）
4) フライトパターン
   全日型。スポット料金が最も安く、ターゲット層に効率的に広告を到達できる全日（6時～24時）パターンとし、予算内でできるだけ多くのスポット本数を確保する

3. CM戦略
昨年と同様に主人公は動物とし、動物たちとの"ふれあい"の楽しさ、癒し感を感じさせる内容とする。
15秒CMの2バージョン作成とする。

4. スポット実施計画
1) 実施料金

局名	GRP単価	1本当り平均視聴率	およその1本当り単価
○○局	¥65,000	10%	¥650,000
△△局	¥75,000	9%	¥675,000

2) 実施費用
○○テレビ500GRP、△△テレビ250GRPとする

局名	GRP	GRP単価	スポット料金	スポット本数目安
○○局	500%	¥65,000	¥32,500,000	50本
△△局	250%	¥75,000	¥18,750,000	28本
計	750%		¥51,250,000	78本

5. CM制作費　　　1,000万円

6. スケジュール　　別途

事例

34 交通広告 広告企画

ドイツ観光局では、ドイツへの観光誘客を中心としたキャンペーンを実施しようと考えている。広告会社のハイマン・インターナショナルに企画を依頼したところ、在日ドイツ系企業とのタイアップキャンペーンの提案があった。

ポイント 1 タイアップという仕掛け

　事例では、日本で展開しているドイツ系企業とタイアップする企画となっている。単に観光PRだけでなく、ドイツ製品の広告を併せてドイツの優れた点や魅力を訴求するという相乗効果を狙ったものだ。費用的にも効率的で、アピール度も高い。

　このように一企業・団体だけでなく、いくつかの企業とアライアンスを結んでの広告やPRは、やり方によってはとても効果的と言える。ドイツ観光局から依頼されたから、その予算範囲で観光のPR計画を立てるというのではなく、何が目的であり、依頼者にとって最も効果的で効率的な方法は何かを基準として、広い視点で考えたい。

ポイント 2 交通広告の利点

　交通広告は第5のマス媒体。都市圏ではサラリーマン、OL、学生層をターゲットとするなら有力な媒体だ。エリアも限定でき、ポスターでのビジュアル訴求もできる。キャンペーン媒体のひとつとして考えたい。事例の場合、1車両1枚のポスター掲出の企画となっているが、予算の都合がつけば、車両買いきり（通称トレインジャック）広告を実施したい。1車両全てがドイツPRのポスターで埋まることになり、アピール度は高い。

ドイツ観光局
ドイツＰＲキャンペーン企画

1．目的
ドイツへの観光客誘客およびドイツ製品・サービスの認知・理解促進

2．キャンペーン戦略
1) 基本戦略
日本で展開しているドイツ系企業とタイアップして、観光PRおよび製品・サービス紹介を実施する。各企業にタイアップ費を求める **［ポイント❶］**
2) 対象／エリア
男性・女性ビジネスマン／東京地区
3) 使用媒体
交通広告
予算範囲内で一定期間ターゲットに訴求するためには、ターゲット層と接触機会の多い交通媒体を使用する。観光地のビジュアル訴求も交通広告のポスターで可能
4) 期間
20XX年3月 **［ポイント❷］**

3．表現内容
ポスターの2/3程度はドイツ観光地のビジュアル写真と簡単な説明とし、1/3をタイアップ企業の商品・サービス紹介とする

4．掲載路線・期間・掲載料

使用路線	スペース	期間	金額
JR	ドア上	……	……
地下鉄銀座線	額面	……	……
地下鉄丸の内線	額面	……	……
東急全線	中吊り	……	……
小田急線	中吊り	……	……

5．スケジュール
1月： タイアップ企業交渉
2月： ポスター制作
3月下旬：掲載実施

6．費用

交通媒体費	1,200万円
ポスターデザイン印刷	300万円
小計	1,500万円
＊タイアップ企業10社 × 100万円	−1,000万円
費用総額	500万円

事 例

35 新規オープンPR PR

岐阜県飛騨高山の首都圏でのPR拠点として、東京大手町に「飛騨の里」がオープンすることになった。オープニングPRに関して、PR会社に依頼をしたところ、オープニングレセプションを中心とする提案があった。

ポイント 1 PR活動のポイント

　PRは広告ではないので、必ずしも記事として取り上げられるとは限らない。どんなに情報を提供しても情報に魅力がなければ記事として取り上げてはもらえない。そこで重要なのは記事になるような魅力的なイベントや情報を積極的に作ることだ。「日本ではここだけでしか見られない」などということがあればニュース性はとても高い。また、世相をよく知り、どんな話題ならメディアに取り上げられやすいか、ニュースを作ることを考えよう。

ポイント 2 新規オープンPRのポイント

　PRの企画で最も一般的なのが新製品や新規オープンの発表会だ。広告だけではなく、記事や報道で多くの人に商品やサービスを認知してもらう必要があるからだ。

　事例は「開館PRイベント」の提案である。ここではマスコミや関係者を集めてのレセプションが中心となる。事例ではレセプションの概要しか書いていないが、実際には進行マニュアル（台本）を必ず作成する。中には何か問題があった場合の的確な対処方法も定める必要がある。つつがない進行がレセプション参加者に好印象を与える。また重要なのはその後のフォロー活動だ。イベント後、一定期間継続してマスコミなどに情報を配信しよう。

「飛騨の里」開館PR計画

1. 目的
首都圏での飛騨高山のPR拠点としての「飛騨の里」の認知・理解の獲得

2. PR戦略
1) マスメディアからの認知・理解および、好意を獲得する
2) ツーリズム関係者の飛騨高山への興味を深める
3) オピニオンリーダー(旅行ライター、カメラマン、料理研究家など)からの認知・理解および好意を獲得する

3. 実施内容
1) オープニングレセプションの開催
2) 「飛騨の里」からのマスメディア、ツーリズム関係者へのニュースリリースの定期発信
3) 定期的イベントの開催
   ①飛騨の食材を使用した、料理教室
   ②四季の写真展
   ③県人会の会場提供
   ④その他

4. オープニングレセプション概要
1) 実施日:20XX年4月8日
2) 会場:日本橋「飛騨の里」
3) 招待者・実施時間:
   1部:メディア関係者・オピニオンリーダー/ 11:00 〜 12:30
   2部:ツーリズム関係者/ 18:00 〜 19:30
4) 発表内容
   ①高山市長挨拶
   ②「飛騨の里」館長挨拶およびプレゼンテーション
   ③懇親会(ビュッフェスタイルで、飛騨牛他を提供)
5) 準備
   ①招待者リスト
   ②プレスキット
   ③お土産(飛騨のキャラクター"さるぼぼ"人形など)

ポイント ❷

5. 費用
添付

6. スケジュール
添付

事例

36 パブリックリレーションズ PR

人材開発・教育のフューチャーアドバンス社は、管理者養成やビジネススキルなどで定評のあるカリキュラムを持っている。今業界のリーダーをめざしてメディアとの関係強化を考えている。
PR会社からの提案。

ポイント 1 パブリックリレーションズとは

　一般的にPRというと、企業が自社の製品やサービスなどをニュースとして取り上げてもらうための活動と思われがちだが、これは"パブリシティ"であり、本来的なPRとはマスコミとの良好な関係作りを通してお客様や一般の人達に自社や商品・サービスへの理解と好意度を高めることである。そこで事例では"パブリシティ"と区別し"パブリックリレーションズ"としている。

　ここで大切なのは、継続した活動だ。マスコミやオピニオンリーダーに対してのニュースリリースの配信、プレスコンタクト、プレスミーティングの設営などを定期的に、ある程度長期にわたって実施する必要がある。パブリックリレーションズは華やかではない。むしろ地道な活動といえる。この地道な活動を通してメディアから信頼と好意を獲得し、メディアを通して一般からの信頼と好意を獲得することができる。

ポイント 2 トップの役割

　パブリックリレーションズを成功させるためには企業トップの積極的な参加が必要となる。担当者がいくらメディアと良好な関係を結んでも、トップが消極的では企業として評価されない。そのためにトップもメディアとの対応の仕方を訓練すべきだ。

フューチャーアドバンス社
パブリックリレーションズ計画

ポイント ❶

1. 目的
フューチャーアドバンス社の認知、理解および好意の獲得

2. ターゲット
1) 大手企業人材開発・研修担当者、管理者、担当役員
2) 中小企業トップおよび人材開発責任者

3. 基本戦略
1) マネジメントとキーメディアとの良好な関係の確立
2) メディアへの的確な情報の発信
3) メディアとの関係確立の場、機会の設定

4. ターゲットメディア
1) 一般紙（朝日、毎日、読売、産経、ブロック紙、主要地方紙）
2) 経済・産業紙（日経、日経産業ほか）
3) 一般誌（ビジネス誌、総合誌、週刊誌）
4) 人事、総務、経営関連紙誌
5) 通信社
6) 英字紙

5. 実施内容
1) プレスリリースの作成
2) プレスへのリリース配付およびリレーションシップ構築のサポート
3) プレスキットの作成
4) インタビュートレーニングの実施　ポイント ❷
5) マスメディアによるインタビューのアレンジ
6) 記者懇談会・記者会見の実施
7) ワークショップ開催
8) 定期PR会議の実施
9) モニター、クリッピング

6. 予測効果
1) フューチャーアドバンス社に関しての好意的、効果的な記事の掲載
2) メディアからの適切な情報の収集

7. スケジュール・費用
添付

事例

37 流通サポート イベント

東邦食品株式会社はスナック菓子を販売している。取引先の大型量販店からこの夏に何かイベントを実施して、集客拡大をサポートしてほしい旨を求められた。東邦食品の販売促進担当者から上司へイベントの企画業が提案された。

ポイント 1 平凡な企画もばかにできない

"カブトムシつかみ取り大会"はありふれた企画かもしれない。ただ企画書では独自性＝ユニークネスもさることながら、大切なのは確実性だ。すでに過去にいくつもの成功例があり、この方法なら確実に効果があるという企画があれば、それをまねすればいい。といってもそんな企画はそれほどない。商品やサービスはそれぞれ異なるし、顧客の状況も違う。ただ、この方法なら失敗は少ないという提案はできる。ありふれた企画というのは実は失敗が少ないからどこでも行われているのだ。平凡でも手応えの確実な企画書を作ってみることも大切だ。

ポイント 2 企画書に細かな配慮を

「実施概要」の中に一部ディテールを書くと効果的だ。ここでは「ビニール袋用意し、持ち帰りができるように手配」と入れてある。詳細な事項を書いておくと「緻密に考えているな」と上司も安心して承認してくれる。

また、イベントの企画だと「計画案」まで書けばよいが、流通サポートを目的としているので、どのように量販店をサポートするのか、「量販店サポートのしくみ」を説明したい。このように細かな配慮をすることで、企画書に"厚み"が出る。

夏休み"カブトムシつかみ取り大会"計画案

ポイント ①

1. 企画趣旨
取引先大型量販店から、この夏休みに集客・販売に結びつく販売促進企画が求められている。そこで、お客様に喜ばれ、量販店にもメリットを与えることができるイベントとして"カブトムシのつかみ取り大会"を企画した

2. 目的
1) 流通(量販店)のサポート
2) 当社製品の一般消費者へのPR

3. 計画案
1) 実施日/場所
   第1回　20XX年 7月26日(日曜日) 東京都内 お台場海浜公園
   第2回　20XX年 8月13日(日曜日) 神奈川県子供の森
   各回とも　11:00～12:30、14:00～15:30の2回"つかみ取り"を実施
2) 集客人員
   1回 親子2人×400組×4回　合計 3,200人
3) 実施内容
   スペース内にカブトムシ、クワガタを隠し、参加親子に手づかみで採らせる。1回の所用時間は1時間。採った昆虫はすべて持ち帰ることができる (ビニール袋を用意し、持ち帰りができるように手配)

   ポイント ②

4) 対象
   東京、神奈川の大型量販店の来店客(企画参加量販店のリストを添付)

4. 量販店サポートのしくみ
親子で楽しめる手軽なイベントを量販店に提供することにより、量販店への集客と売り上げアップに寄与できる。また当社製品の販売促進ともなる
1) 量販店作成の新聞折込みチラシに"カブトムシつかみ取り大会"を告知(チラシ作成費に関しては相当分を当社負担。)
2) 量販店で当社製品を1000円以上お買い上げのお客様、先着○○組をご招待

5. 費用
"カブトムシつかみ取り大会"費用　　1,000万円
告知チラシ補填費　　　　　　　　　　500万円
合計　　　　　　　　　　　　　　　1,500万円

6. 準備スケジュール　　添付参照

添付資料
実施詳細案(見積もり詳細、スケジュール含む)

事例

38 イベント協賛 イベント

NPO法人エコ推進協議会では、横浜市の協力を得てイベントを実施することになった。そこで企業や団体に実施のための協賛金を集めるための企画書が必要となった。NPO法人担当者が作成した協賛のお願いの企画書。

ポイント 1 お願いの企画書は丁寧に

事例は協賛のお願いをするとき企業や団体に見せる企画書だ。

こうしたお願いの場合は通常は前文を書き、"記"として本文を書く。前文は簡潔に、ただし誰が見てもよいようにできるだけ丁寧に書くこと。

本文に関しても簡潔さが肝心だ。ここでは「実施概要」「協賛内容とメリット」だけになっている。時々「背景」や「趣旨」など長々と書いてある企画書を見かけるが、受け手側は実施概要といくら協賛金を求めているかを知りたいだけだ。できるだけ短く、必要事項だけを書こう。

ポイント 2 メリットをできるだけ出そう

企業や団体としては協賛するからにはメリットがほしい。企業側の担当者としても、なぜ協賛することにしたかの理由付けがなければお金は出せない。できるだけ効果やメリットを書こう。

事例では"協賛団体のメリット"として①から⑥まで挙げられている。ほとんど社名の露出だが、これでよい。企業としては、この種のイベント協賛に実質的な広告や販促効果を求めている訳ではない。環境問題は企業にとっても重要な課題であり、エコイベントで会社名が出れば企業イメージアップにつながる。

「横浜エコウォーク」協賛のお願い

ポイント❶

NPO法人エコ推進協議会では、エコリテラシーの向上を目的として、今般横浜市と朝日新聞のご協力を得て、「横浜エコウォーク」を実施することとなりました。下記の内容をご高覧いただき、ぜひご協賛いただきたくお願い申し上げます。

記

1. **「横浜エコウォーク」実施概要**
   1) 実施日：20XX年5月5日（子供の日）
   2) 対象：東京都および神奈川県の親子
   3) 参加予測者数：2万人
   4) 内容：
      ①横浜みなとみらい21を起点に、山下公園から元町までを歩く。
       途中チェックポイントを設けて、エコクイズを実施
       また、エコグッズ展示ブースを設け、エコ意識を高める
      ②エコクイズの解答結果により、賞品を与える
   5) 告知
      ①NPO法人エコ推進協議会ホームページ、およびポスター
      ②横浜市広報媒体（ホームページ、広報紙等）
      ③朝日新聞での広告
      ④その他情報誌等でPR記事を掲載予定

2. **協賛内容および協賛メリット**
   1) 協賛金：一口30万円
      協賛品：協賛会社商品
   2) 協賛団体メリット
      ①朝日新聞告知広告での御社名記載
      ②横浜市各所でのポスター掲示（御社名入り）
      ③スタート地点と集合地点の会場看板へ御社名記載　**ポイント❷**
      ④チェックポイントの看板へ御社名記載
      ⑤参加者に配布するラリー地図へ御社社名記載
      ⑥御社商品のサンプリングも可能

添付資料
   1) NPO法人エコ推進協議会案内
   2) エコウォーク実施要綱
   3) 告知広告、看板等デザインサンプル

事例

39 展示会参加 イベント

新栄化学工業では、ガラスに貼るだけで紫外線や熱を遮断する効果のあるシートを開発した。省エネに結び付く商品であり、日本最大のエコイベントに参加し、商品紹介をしたいと考えている。担当者から部長への承認願いの企画書。

ポイント 1 前文がいる場合といらない場合

　直属上司や普段意思疎通ができている上司に企画書や提案書を提出する場合は前文は書かない。事例の場合は大きな組織で2階級ぐらい上の上司に出す場合を想定している。普段それほど緊密な会話をしていない上司に出す場合は、このように簡単に前文を入れるとよい。丁寧な感じがする。

ポイント 2 実施効果を示そう

　企画書の内容は「背景」、「目的」、「展示会概要」、どのように出展するのかを説明した「出展概要」で構成する。また今回初めて出展するので、出展すればどんな効果があるのかを述べる必要がある。出展効果をいかに説得力あるものにするかが上司の承認を左右する。これまでに出展していれば効果を数値で示すことができる。数字は説得力がある。しかし経験や数字がない場合でも効果を理解してもらうために何らかの説得をしなくてならない。ここでは「背景」でこのフェアの規模を語り、最後に「出展効果について」で競合の実績を述べている。特に競合にどれだけ新規引き合いがあったか述べている点は説得力が高い。さらに今回出展をして、どのくらい新規引き合いを獲得するのか、成果目標を書くことができれば、もっと説得力は増す。

「エコ生活展200×」への出展承認願い

ポイント❶

掲題の件、下記の通り企画いたしましたので、よろしくご検討の上、ご承認お願いいたします。

記

1. 背景
　当社製品の認知はまだ十分とは言えず、取引先も限定されている。今後販路を拡大するために新規取引先を獲得することが急務である。「エコ生活展」は環境関連では日本最大の展示会であり、ここで積極的なPR活動を行い、当社ならびに製品理解を促す活動は効果的と考える。

2. 出展目的
1) 当社新商品のPR
2) 来場する業界関係者との折衝を通して、取引先の拡大を行う

3.「エコ生活展200X」概要
1) 会期：200X年 3月5日～8日（4日間）
2) 会場：東京国際展示場
3) 来場予定人員：40万人
4) 出展会社・競合会社出展予定一覧：添付

4. 当社出展概要
1) 出展ブース　2ブース（18㎡）
2) 展示テーマ「ガラスに貼るだけ。紫外線・熱をカット」
3) 展示内容
   ・ミニチュアのモデル住宅を設置し、ガラス面に貼った当社の「熱カットシート」がどのように熱や紫外線をカットするかを、視覚的に見せる
   ・「熱カットシート」現物も展示し、業界関係者にアピール
4) 出展費用　概算総額 500万円

ポイント❷

5. 出展効果について
当職が事前にヒアリングしたところ、競合の化山産業は昨年このフェアに出展し、約100件の新規引き合いがあったと聞く。取引先拡大に効果的である

添付資料
1)「エコ生活展200X」出展案内
2) 当社ブース案
3) 出展費用明細・スケジュール

事 例

40 キャンペーンデザイン　デザイン・制作

進学塾の大志学院では、例年の通り新学期開講のキャンペーンを計画している。これまでは各媒体ごとに最も適切なデザイン表現がとられていたが、今回は統一デザインとすることにした。春日デザイン事務所からのクリエイティブについての提案。

ポイント 1　提案の主役はデザインとCMコンテ

　クリエイティブの企画書は文字部分をできるだけ少なくする。
　受け手は早くデザインやCMコンテ（コマーシャル案をコマ割で絵に書いたもの）を見たがっている。あまり長く文章を書くとクリエイティブ案を見せる段階ですでに受け手の気持ちが沈んでしまっていることがある。通常は事例に示している程度の簡単なものでよい。「1.目的」から「4.－1」の開発戦略の統一コンセプトを確認したら実際のデザインやCMコンテを見せながら媒体別表現についての考え方を述べるとよい。

ポイント 2　統一性と媒体ごとの展開

　事例のように複数メディアで実施するキャンペーンで大切なことは、各媒体でクリエイティブ表現をどのようにするかということであり、いかに統一感を保つかということだ。多くの場合スローガンやメインビジュアルを統一し、媒体の特性に応じて表現方法を変えている。テレビの場合は一般的に15秒コマーシャルが中心のため、内容詳細は語れない。同様に交通広告でも通常はキャッチフレーズとビジュアルが主体だ。一方新聞広告や新聞折込なら商品やサービス内容を十分に語れる。媒体にはそれぞれの特性があり、それを生かした表現戦略を立てよう。

新学期開講　生徒募集キャンペーン
クリエイティブ戦略

ポイント❶

1．目的
大志学院への入塾促進。　前年度対比20%の問い合わせを獲得する

2．ターゲット
メイン：小学3、4、5年生の子供を持つ母親
サブ：同父親

3．基本方針
今回実施するTV、新聞、交通広告、新聞折込の全媒体でトーン&マナーを統一。キービジュアルも統一して使用する

4．開発戦略
1）統一コンセプト
　"相談できる先生"
　大志学院の特長である、少数教育と面倒見のよい先生を全面的に訴求する。現役の教師の中から数名の写真をキービジュアルとする

ポイント❷

2）媒体別表現
　テレビCM：15秒CM。教師陣が子供の相談に乗っている姿をメインに、教えている姿、準備をしている姿などを実際の教室で撮影。数バージョン作成し、一定期間で交換する
　新聞広告：教師陣の写真ビジュアルを中心に、どんな相談に乗っているか、どのように面倒見がよいかなど、大志学院の特長を訴求する
　交通広告：TVCMのキービジュアルと連動させる。"相談できる先生"をキャッチフレーズにし、新学期開講について案内する
　新聞折込：表面はキービジュアルとキャッチフレーズを中心に、大志学院の特長をアピール。裏面では各コースの詳細を案内する

5．開発スケジュール
　10/1　　　　　　統一コンセプトの決定
　10/2～10/末　　　TVCM制作
　11/1～11/20　　　他媒体表現制作

6．費用　添付参照

添付
1）統一ビジュアルおよびキャッチフレーズ案
2）広告展開案（TVCM、新聞、交通ポスター、折込チラシ）

事例

41 テレビCM　デザイン・制作

化粧品ブランド「ネーチャー・ラボ」から今回男性用スキンケア商品が新発売されることになった。テレビCMで全国的な新発売キャンペーンを行うことになり、CM制作会社である株式会社アルファから企画提案があった。

ポイント 1　コンセプトをしっかりと説明しよう

クリエイティブの企画書では文字部分は短くするが、戦略部分、特に"コンセプト"についてはしっかりと説明しよう。主役はデザインやCMコンテでも、企画書の基本はやはり戦略部分だ。

コンセプトについては競合状況などをよく検討し、競合に勝てるポイントを整理してまとめ上げる。またコンセプトに基づくスローガンを開発し統一性のある提案をする。

ポイント 2　テレビCM提案の条件

通常テレビCMの提案は絵コンテで説明する。映像であるテレビCMを、動かない絵で見せるのだから聞き手のイメージがふくらむように、十分に補足説明が必要だ。

テレビCMで一番多いのは15秒CMである。実はそこが提案で一番注意をしなければならない点だ。テレビスポットの料金は高い。そこで得意先はできるだけ多くのメッセージを入れたがる傾向にある。しかし15秒で言えることは限られる。音楽などを入れるとナレーション（言葉）は長くて10秒だ。しかし10秒もナレーションを入れたらコマーシャル全部が言葉で埋まってしまう。15秒コマーシャルでは伝いたい内容をできるだけ1つに絞り込むことが、印象的なコマーシャルを作る条件と言える。

新発売「ネーチャー・ラボ」男性用スキンケア商品
TVCM制作企画

1. CM目的
「ネーチャー・ラボ」から男性用スキンケア商品が誕生したことを認知させ、その効果を理解させる

2. CM基本戦略　　　　　　　　　　　　　　　　　　　　　　　ポイント❶
　1) ターゲット
　　　40代以上男性
　2) コンセプト
　　　「ひげ剃り後につけるだけ。ハリのある若々しい肌をいつまでも」
　　　従来のアフターシェービングローションに、自然素材の保湿成分等を加え、肌のたるみやしわを防ぐ効果を持った新製品
　3) 15秒と30秒の2バージョン
　　　秒数制限のなかで、「ネーチャー・ラボ」からの新製品という登場感と、新製品のキーメッセージを印象深く表現する
　4) トーン&マナーは自然と若々しさ
　　　登場感を強調し過ぎてトーン&マナーを損なってはならない
　5) ご相談コーナーを設け、問い合わせに答えているので、フリーダイアルを最後に記載（ナレーションはいらない）

3. 提案の方向性　　　　　　　　　　　　　　　　　　　　　　　ポイント❷
　A案　私の秘密編（添付コンテ参照）
　　　　50歳でいまだにハリのある肌と若々しさで有名な俳優東野清に美しさを保つ理由を語らせる
　B案　自然の不思議編（添付コンテ参照）
　　　　素材（シルク）が風に流れるように。それに商品がオーバーラップ
　　　　自然の力を語り、効果を連想させる
　C案　永遠の肌編（添付コンテ参照）
　　　　霧の中でナレーション「とうとう見つけた、何を、永遠を」 それにかぶってきりっとした50代の男性の顔がアップ

5. 制作スケジュール
添付

6. 制作費概算
A案：1,700万円（タレント費2クール1,000万円含む）
B・C案：各1,200万円

添付　TVCMコンテ

事 例

42 商品カタログ デザイン・制作

旅行会社の株式会社NTAでは、今回熟年層だけをターゲットとした高級旅行商品を販売することになった。そこで、これを紹介するカタログ制作が急がれている。デザインプロダクションの巴エージェンシーからの企画提案。

ポイント 1 デザイン作業の前に企画書で確認しよう

　印刷物のデザインの場合、打ち合わせを行いすぐにデザイン案の作業に入ることがある。しかし商品カタログのように内容や分量が多いものについては、簡単でもよいから企画書を書き、事前に依頼者と方向性を確認しよう。

　企画書の構成は事例のように「目的」、「基本方針」（戦略）、制作案（実施計画）の3点とスケジュールに費用でよい。実際に制作する際に依頼者と共有すべき点だけを簡潔に整理して書けばよいのだ。

ポイント 2 カタログデザイン企画の要点

　カタログなどの印刷物の企画書に必要なのは、どのような形態のカタログを作成するかという点と、内容構成だ。形態について事例では「3．制作案」でサイズ、形式、カラーかモノクロかあるいは2色か、紙質、部数などについて簡潔に述べられている。できれば形態見本を作製し、見せながら説明すると、出来上がりイメージが伝わりやすい。

　内容構成については紙面の成約上ここでは書いていないが、各ページにどのようなディスティネーションを入れるか、表組みにして見せたい。これを確認してデザイン作業に入る。

NTA熟年向け旅行商品カタログ制作

ポイント❶

1. **目的**
   熟年層の当社特別企画に対しての興味喚起と、旅行行申し込みの促進

2. **基本方針**
   1) 対象
      50歳以上熟年夫婦。可処分所得の高い層
   2) デザイン留意点
      ①クオリティにこだわった商品だけを紹介するカタログであるため、従来の旅行商品カタログを上回るクオリティあるデザインとする
      ②見やすさ、読みやすさ
        熟年層を対象とするため、活字は大きめにし、読みやすさを追求する
   3) 内容留意点
      ①"最上級のおもてなし"を協調
      ②ゆったりした旅をイメージさせる
   4) 資料請求者にも渡せるカタログであることを考慮する

3. **制作案**
   1) 形態はA4版。
   2) ホルダー形式とし、各ディスティネーションを1枚（裏表）で紹介する
   3) ホルダーは、布目の厚手用紙を使用し、高品質感を出す
   4) 差込は当初20枚とし、今後ディスティネーションの増減により調整する
      差込は裏表カラー。クオリティある写真を用いる
   5) 初回制作部数　10,000
   6) デザイン制作は花田デザイン事務所に依頼する

ポイント❷

4. 制作スケジュール
   2月1日　　ブリーフィング、資料渡し
   2月15日　　デザインプレ
   2月25日　　初稿
   3月5日　　再校
   3月10日　　印刷入稿

5. デザイン費用
   120万円
   写真撮影、イラスト等は別途

6. 添付
   見積もり詳細

事例

43 DM通販 CRM

衣料品会社の株式会社フォーシーズンでは、幼児から小学生までを対象とした、低価格のフォーマルウエアを発売しようとしている。販売チャネルとしてこの商品はまず通信販売を実施することにした。担当者から上司への企画提案書。

ポイント 1 通販企画書の書き方

　通販の基本はテストだ。小さな規模で実施し、最適の方法論を探しながら販売を拡大していく。そこで「目的」は"販売可能性の検証"とする。「基本戦略」「実施計画」までは通常の企画書と同じだが、通販の場合は収支予測を入れたい。通販は販売方法のひとつだ。販売であれば当然収支予測が必要となる。事例では「テスト結果予測」として収支予測を表組にして入れている。

ポイント 2 通販の成功ポイント

　事例のようなカタログ通販を成功させるためには商品、カタログ、リストの3つがキーとなる。商品はユニークでなくてはならない。通販だけでしか購入できない、安く買える、また通販で購入すると便利だなどどこかにユニークネスがなくてはならない。オフィス用品サプライはその典型だろう。前日に注文すれば翌日に配達してくれる。重いコピー用紙を買いに行く必要がない。しかも価格は安い。

　カタログはセールスマンだ。仕掛けのあるパーソナルな語りかけをして販売に結び付けよう。

　リストは通販の命だ。いかに効率のよいリストを見つけることができるかが通販成功の鍵を握っている。

"チャイルドフォーマル"通販計画

1. 目的
"チャイルドフォーマル"の通販での販売可能性を検証する

2. 基本戦略
1) "チャイルドフォーマル"は当初通販だけで販売する
2) 大手通販カタログ会社とタイアップし、販売可能性をテストする
3) 当初はテスト販売とし、リスクを最小限に抑える

3. 実施計画
1) テスト実施時期／エリア
    20XX年9月／全国
2) タイアップ媒体
    通販会社ノビールのカタログに、当社"チャイルドフォーマルカタログを同梱)
3) セグメント
    ①直近1年以内に幼児、小学生の衣料品を購入したノビール顧客
    ②購入金額20,000円以上
    ③大都市圏を除く地方都市住民
4) テスト数　20,000
5) カタログ内容
    商品紹介だけでなくではなく、ハレの日に"チャイルドフォーマル"を身につけている幸せなシーンを見せ、購買意欲を高める
6) 受付／決済
    当社コールセンター／支払いはすべてクレジットカード決済とする

4. テスト結果予測

	内容	テスト	拡大
売上げ			
①	同梱数	40,000	300,000
②	注文率予測　①×1%	400	3,000
③	平均注文単価　(円)	25,000	25,000
④	受注額　②×③　(円)	10,000,000	75,000,000
⑤	返品返金　④×3%　(円)	300,000	2,250,000
⑥	売上額　④−⑤　(円)	9,700,000	72,750,000
コスト			
⑦	商品原価　⑥×30%　(円)	2,910,000	21,825,000
⑧	同梱費　(円)	1,000,000	5,000,000
⑨	カタログ代　(円)	1,200,000	3,000,000
⑩	クレジットカード手数料　⑥×3%(円)	291,000	2,182,500
⑪	オペレーション費　⑥×20%　(円)	2,000,000	15,000,000
⑫	コスト計　(円)	7,401,000	47,007,500
損益			
⑬	損益額　(円)	2,299,000	25,742,500

事 例

44 販促DM CRM

国際宅配のワールドスピードサービス（WSS）はオリンピックの公式スポンサーとなった。そこでこれを利用してWSSのPRと新規顧客開拓のプロモーションを、DMとテレマーケティングで実施することになった。

ポイント 1 DM企画書の要点

　企画書の構成は基本どおりだが、実施計画部分に重点を置いている。実施フローではわかりやすくStep1からStep3まで、段階を追って説明をしている。いくつかの局面・段階のあるものはこうして段階ごとに説明をしたほうがわかりやすい。

　Step 1で大切なのはDM内容だ。ここでキーマンを探さなくてはならない。アンケートの作り込みに時間をかけよう。Step2ではお礼の品を送ると同時にセールス活動をする。トライアルユースにつながるオファーをつけることがここでのポイントだ。さらにStep3ではテレフォンマーケティング(通称テレマ)が実施される。ここでも効果的なオファーが必要となる。

ポイント 2 ダイレクトマーケティング手法とは

　DM（ダイレクトメール）は商品やサービスの案内や店舗誘客などによく用いられる古典的な手法である。現在ではWebでのメールマガジンが主流となっているが、まだまだ郵送や宅配を利用した紙のDMも行われている。

　事例ではDMとテレマが行われている。このように通信手段を利用して販売や見込み客開拓をする手法をダイレクトマーケティングという。通販もダイレクトマーケティングの1つだ。

オリンピックキャンペーン企画書

1．キャンペーン目的
ワールドスピードサービス（WSP）のPRおよび新規取引先の獲得

2．基本戦略
アンケートDMで見込み客を探し、フォローアップで取引先を獲得する
1) 対象　　　海外発送物発注管理者
2) 実施エリア　東京都内及び大阪市内
3) 実施時期　4月中旬から7月末まで
4) 達成目標　アンケート返送率10％、トライアルユース獲得 2％

3．実施計画
1) リスト
東京商工リサーチのデータを使用。
セグメント：製造業、貿易業。年商1億円以上
エリア／リスト数：　東京／5000　大阪／1500

ポイント ①

2) 実施フロー
Step1：アンケートDMを実施し、海外発送物の発注管理者を特定する。
　　　　クオリティ高い内容とする。アンケート内容は海外発送業務の量や
　　　　利用会社名、満足度、管理者の特定程度の短いものとする。
　　　　アンケート回答者には、後日礼状と粗品を発送する
Step2：WSPトライアルユースのセールス
　　　　アンケートDMで特定された発注管理者にDMでトライアルユース
　　　　のセールスを行う。
　　　　内容は挨拶状、無料お試し券（有効期限2ヵ月）、その会社の
　　　　名前を印字済みの発注伝票（50枚程度）、WSP電話番号シー
　　　　ル、プレミアム。
　　　　プレミアムはオリンピックにちなんだオリジナルとする
Step3：トライアルユースのない先へテレマでフォロー。
　　　　無料お試し券の有効期限の切れる数日前とし、有効期限が切れ
　　　　ても特別1カ月延長することをオファーする

4．実施スケジュール
4月10日　アンケートDM発送
4月末　　アンケートDM集計・回答者へのプレミアム発送
5月中　　トライアルユースのセールスDM発送
7月中　　テレマでのフォローを実施
8月末　　キャンペーン結果分析

5．費用
添付

事例

45 カスタマーサービス CRM

株式会社日本園芸は園芸用品の大手。これまで簡単なホームページはあったが、今回新たにWebサイトの構築とコールセンターを開設により顧客サービスと販売促進を行うことになった。担当者より上司への企画書。

ポイント 1 2つの課題解決策

事例では目的達成のために、Webでの会員サービスと、コールセンターでのカスタマーサービスという2つの方法が書かれている。このように目的を達成する方法としていくつかの課題解決策を提案することはよくあることだ。事例では、まず「2.基本設計」で解決策の概略を述べ、次いで3と4に分けてそれぞれの方策を簡潔に説明している。

ポイント 2 費用項目が多いときは表組みにする

費用項目が少なければ列挙すればよいが、項目が多ければ事例のように表組みにする。整然としていて見やすいばかりでなく、Excelで作成すれば計算も間違わなくてすむ。

ポイント 3 Webを利用してのプロモーション

これからは幅広い層にコンタクトする、また情報やサービスを低コストで配信するにはWebの活用を抜きにして考えられない。Webサイトを構築して有益な情報やサービスを提供し、アクセスを増やしメールアドレスを集る。そのアドレスに定期的にメールマガジンなどを配信して、商品販売やサービス案内をする。このようなプロモーション活動がますます多くなる。

カスタマーサービス開設計画

1. 開設目的
1) 家庭用園芸の普及と、園芸愛好家間の交流促進
2) 日本園芸の商品購買促進

2. 基本設計
1) Webサイトを構築し、会員を集い情報の発信や収集、相互交流を図る
2) コールセンターを開設し、商品や園芸ノウハウに関しての問い合わせに応じる

3. Webサイトでの会員サービス
1) 定期的メルマガの送付
   四季の園芸情報、愛好家の成果、園芸ノウハウなど
2) 会員限定、相互交流広場の開設
   愛好家間で掲示板、チャットの実施
3) タネや苗の特別販売情報の提供
4) 家庭園芸に関してのイベント等のお知らせ

ポイント ❶

4. コールセンター概要
1) 場所：当社埼玉工場内
2) センター開設時間：年末年始を除く毎日 10時～ 19時
3) 業務内容：商品・園芸ノウハウに関する問い合わせ対応
4) 人員構成：専任スーパーバイザー 1名、スタッフ4名
5) 設備：PC5台、専用回線5回線、ファックス1回線

ポイント ❷

5. 費用

項目	数量	単価	金額
初期費用			
1. Webサイト構築	一式		¥2,000,000
2. コールセンター開設費			
センターセットアップ	一式		¥500,000
運営マニュアル作成	一式		¥200,000
スタッフ教育費	一式		¥300,000
3. 運営システム開発費	一式		¥2,000,000
初期費用計			¥5,000,000
月間運営費			
1. スタッフ費	5名		¥3,000,000
2. 設備使用料	一式		¥300,000
3. システムサポート費	一式		¥100,000
4. その他費用	一式		¥100,000
月間運営費用計			¥3,500,000

6. スケジュール
別添

事例
46 Web調査 調査

> 栄養ドリンクの「力王」は最近売り上げが落ちてきている。そこで今後のマーケティング展開のために、東京と大阪で調査を実施することになった。調査会社から実施案が提案された。

ポイント 1 調査企画書の書き方

すでに述べたが、調査企画書はほとんど定型化している。事例にあるように「目的」「対象」「方法」「調査内容や項目」「スケジュール」「費用」の順に書いていけばよい。

調査の企画書ではあまりアイデアは必要とされない。アイデアに富んだ調査手法などといってもあまり信憑性がない。むしろ確立された調査方法が選ばれる。調査はいかに正確な情報をとるかということが大事なので、これまで効果的とされてきた手法を踏襲するのが安全なのだ。

ポイント 2 調査項目について

調査項目や内容に関しては企画段階では大項目が書かれている程度でよい。企画書が採用されてから得意先と相談し項目をつめて、調査表を作成する。

ポイント 3 量的調査はWebで

かつては郵送でのアンケート調査が主流だったが、現在は断然Web調査が選ばれている。コストが安く短期間で実施できるほか、調査結果も自動的にグラフ化されるなど後処理もしやすい。量的調査ならまずWebを考えよう。

ポイント❶ 「第4回 栄養ドリンク摂取実態調査（200Ｘ年）」

1. 調査目的
消費者の栄養ドリンクの摂取の実態を明らかにし、「力王」ブランドのマーケティング展開の基礎資料とする

2. 調査対象
600サンプル

地区	対象	サンプル数（回収）
東京地区	30代、40代、50代男性	各世代100　計300
大阪地区	30代、40代、50代男性	各世代100　計300

3. 調査方法　ポイント❸
Web調査。調査会社に依頼し、都市部のビジネスマン、30代〜50代をセグメント

4. 調査項目（検討用）　ポイント❷
栄養ドリンクの摂取実態および生活状況を調査
1) 栄養ドリンク摂取状況
　　・頻度、購入金額、飲用場所、時間など
2) 愛飲ブランドについて
　　・ブランド名、購入頻度、購入場所、ブランド選択理由、イメージ、など
3) 当社ブランドについて
　　・認知・理解度、好意度、購入状況、ブランドイメージなど
4) 生活実態について
　　・仕事内容、勤務時間、ストレス、体調、食生活など
5) フェースシート

5. 調査スケジュール
1) 調査表作成・対象者選定　　6月15日〜22日
2) 調査画面作成・実査　　　　6月23日〜25日
3) 集計・回答速報　　　　　　6月27日
4) 分析・最終報告　　　　　　7月10日

6. 調査費用
1) 企画・調査設計費　　　　￥100,000
2) 調査画面作成・実査費　　￥500,000（データチェック・集計含む）
3) レポート作成費　　　　　￥100,000
4) 管理費　　　　　　　　　￥105,000（上記1〜3の合計×15%）
　　合計　　　　　　　　　￥805,000

事例

47 グループインタビュー 調査

山桜味噌株式会社では高級フリーズドライ味噌汁を新発売しようとしている。そこで発売前に消費者に対して、新商品の受容性と、広告展開をする際の表現コンセプトについて調査をすることにした。調査会社から調査企画の提案があった。

ポイント 1 フォーカスグループインタビューとは

　フォーカスグループインタビューは単にグループインタビュー（略してグルイン）とも呼ばれる。アンケート調査に代表される量的調査と異なり、コンセプト調査のような質的情報を収集するためによく用いられる手法だ。対象者を6人～8人ほどのグループに分け会場に集まってもらい、インタビューをする。消費者の自由な意見を聞き、その中から今後の方向性などを探るにはとても有効な方法だ。

ポイント 2 モデレーターがキーになる

　この調査で大切なのはいかにディスカッションをスムーズに進行させ、参加者の忌憚のない意見を集められるかということにある。参加者に平均に発言をさせるのはなかなか難しい。自由に発言させると自然とリーダーができ追従者が出てくる。反対に沈黙する人も出てくる。そこで重要な役割を演じるのがモデレーターという司会者だ。モデレーターは調査内容をしっかりと把握し、インタビューフローを作成し、ディスカッションを進行させる。有効な情報を取り出せるかどうかはこのモデレーターの力量にかかっている。傾向や意見を聞く調査なので、モデレーターには観察力と分析力が要求される。

フリーズドライ味噌汁新商品についての
受容性および、表現コンセプト調査企画

1．調査目的
新たに発売を予定しているフリーズドライ味噌汁の市場可能性と、広告表現の最適な方向性を知る

2．調査対象
50代、60代主婦

3．調査方法
1) フォーカスグループインタビュー。 ← **ポイント❶**
   コンセプトに関しての質的情報を収集するため、最も一般的な方法であるフォーカスグループインタビューを実施する
2) インタビューグループ
   50代主婦　6人×2グループ
   60代主婦　6人×2グループ
   　　　　　合計4グループ
3) リクルート方法
   当社マスターサンプルより対象者を抽出
4) インタビュー方法・質問フロー
   質問表を基に、<u>当社モデレーター安西加奈子が司会進行</u> ← **ポイント❷**
   【インタビューフロー（案）】
   ①家族構成、普段の食生活について語りながら、各自自己紹介
   ②味噌汁の飲用状況に関して
   ③普段使用している味噌の銘柄、インスタント味噌汁の利用状況
   ④新商品提示、試飲後、味や価格妥当性などについて
   ⑤購入意向とその理由
   ⑥広告表現デザイン案（3案）提示。どの方向性がよいか
   ⑦その他

4．実施場所／実施日
1) 50代主婦
   10月2日　10：00～12：00、　13：00～15：00
2) 60代主婦
   10月3日　10：00～12：00、　13：00～15：00
実施場所はいずれも当社インタビュールーム

5．調査費用
添付

事 例

48 ヒアリング調査 調査

那須コンベンションセンターでは、セミナー施設のリニューアルを計画している。設計前に利用者の意向を知りたいと考え、広告会社の総通に相談したところ、ヒアリング調査の企画書が提案された。

ポイント 1 ヒアリング調査の企画書

　企画書の書き方は調査企画書のフォーマット通りに書けばよい。もし得意先がこれまでヒアリング調査をしたことがないのなら、ヒアリング調査とは何かを「調査方法」の項目で説明しよう。その際ケーススタディを紹介すると理解されやすい。

　大切な点はどこの誰にヒアリングするかということだ。ヒアリング対象者の選定を間違えると、有効な結果は得られない。

　調査項目に関しては事前に詳細を詰めよう。直接聞けることと聞けないことがある。どんな情報がキーなのか。それが直接聞けないならどのように回り道をしてキー情報に近付くかをあらかじめ決めておかなければならない。

ポイント 2 情報を聞き出すヒアリング調査

　ヒアリング調査は事前調査として有効な方法だ。自社の社員が直接聞けないことも調査会社に依頼するとスムーズに聞ける。例えば新しい業界へ参入するために、その業界関係者から情報をとりたいとする。自社の社員が動けば新規参入がわかってしまう。と言って、嘘の会社名や名前を言うわけにはいかない。こんな時に調査会社に依頼するとうまくいく。事例では、調査対象者に競合になる"優良セミナーハウス施設責任者"を入れている。

セミナー施設改善のためのヒアリング調査企画

1．調査目的
御社施設改善計画の基礎資料として、より利用拡大のためのあるべき姿を知る

ポイント❶

2．調査手法と対象
下記の対象者に訪問面接調査を行う。
優良セミナーハウス施設責任者、自社研修施設のない大手企業研修担当者（2社）、同じく中堅企業研修担当者（2社）、セミナー会社担当者及び講師

3．おもな調査内容
1）優良セミナーハウス施設責任者に対して
   施設内容、利用条件、特色、稼動状況、利用者からの評価、今後の改善点など

ポイント❷

2）大手企業担当者・中堅研修担当者
   新人研修等年間研修、セミナー予定。使用料・スペース・機器等利用条件、使用決定要因、決定者、要望点など
3）セミナー会社
   年間セミナー実施数及び外部施設利用状況、使用料・スペース・機器など必要条件、使用決定要因、セミナー施設への要望点など
4）セミナー講師
   利用上の要望点、御社施設を説明し、評価を聞くなど

4．調査スケジュール
9/10 ～ 9/17	調査内容の打ち合わせ、調査票作成、調査対象決定
9/20 ～ 9/27	ヒアリング実査
9/28 ～ 10/5	報告書作成
10/6	報告書提出

5．実施費用
企画・調査設計	￥100,000
リクルーティング（6人）	￥60,000
ヒアリング実査	￥420,000
報告書作成	￥100,000
合計	￥680,000

事例

49 マーケティング計画 総合企画書

栃木県の「日光どうぶつ村」では、今年も最大の集客時期である夏場に向けて、マーケティング計画を検討しようとしている。
ワールドアドバタイジング株式会社から計画案が提出された。

企画書作成のポイント

マーケティング計画のような扱う範囲の広いテーマの場合は、企画書もボリュームのあるものになる。通常はヨコ型の企画書にする。企画書の構成は1枚ものと変わりはないが、内容は詳細にわたる。

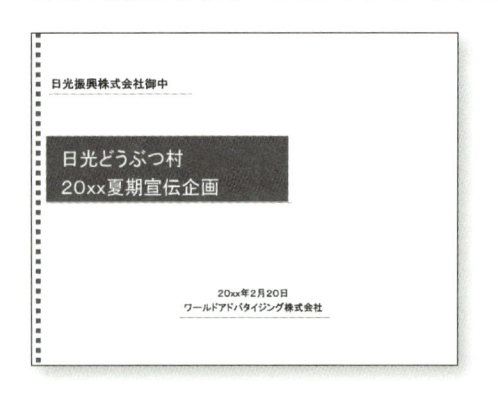

表紙
表紙はテンプレートを利用して、おしゃれに見せたい。

目次
企画書のボリュームが多いものは独立した目次のページを設ける。

目次はシンプルに。

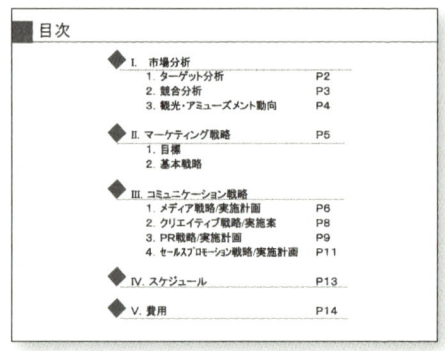

第3章 事例でわかる企画書作成のポイント

```
■ I. 市場分析

1. ターゲット分析  20xx年8月9日～10日&8月16日～17日来村者実査データより

  1. 来村者の約65%は首都圏(東京・埼玉・千葉・神奈川)
     首都圏60%    栃木10.0%    茨城5%    福島5%    群馬5%    その他5%

  2. どうぶつ村はファミリーの場
     家族連れ76.2%    友達とBF/GF18.9%    その他4.9%

  3. 70%は初来園
     初めて70%    複数回30%

  4. 来村希望者は子供だが、子供の意見を聞き、母親が決めている
     母親36.3%    子供27.6%    自分23.9%

  5. 認知媒体はテレビが一番。日光に来て来村者をきめていることも多い。
     TV40%    新聞・雑誌の記事15%    ホテル等でのパンフ・ポスター20%    インターネット20%
     紹介15%    道路沿いの看板 10%    誌広告5%    その他

  6. 来村理由は「どうぶつに会いたい」
     楽しめそう56.3%    犬に会いたい48.0%    自然の中で動物に会いたい27.3%
     猫に会いたい26.7%    馬に会いたい・乗りたい11.7%    宿泊先から近い11.3%

                                                                    P2
                                                                P3
                                                            P4
```

分析
P3には競合分析、P4には観光・アミューズメント動向のページが入る。

まとめ方はこのターゲット分析と同様に簡潔に。

戦略
目標と戦略を1ページにしたが、2ページに分けてもよい。

基本戦略では、目標を達成するために何を重点として実施するかを書く。

```
■ II. マーケティング戦略

1. 目標
   今夏来場者30万人とする(昨夏対比20%増)

2. 基本戦略
   1)首都圏をメインとした、マス媒体広告を実施
      昨年度調査では、初来園者が70%。認知と親近感を高める努力がまだ必要な段階。
      首都圏でのマス媒体を使用した広告と、PR活動を積極的に実施する。
   2)TV、雑誌等のパブリシティ活動を積極的に行う
      昨年度もTVの紹介で来園者が急増した。仕掛けを考えたPR活動を実施する。
   3)日光観光客へのアプローチを実施
      日光に来ている・来る途上の観光客で目的がない人は重要なターゲット。観光客にどうぶつ村を
      気づかせ、興味を持たせ、立ち寄らせる。そのための地元でのプロモーション活動を実施する。
   3) 地元・近隣住民を味方団にする。
      地元住民は大切な固定客。また日光に来る観光客をどうぶつ村に誘客するためのガイド役で
      ある。このため地元での評判を高める必要がある。地元住民だけでなく、旅館、ホテル、民宿、
      ペンション、土産物店、ガソリンスタンド等へのアプローチを積極的に行う。

                                                                    P5
```

```
■ III. コミュニケーション戦略(メディア)

1. メディア戦略/実施計画
【戦略】
  1)広告対象
    メインターゲット    小学校低学年以下の子供のいるファミリー、特に母親(30代)
                     愛犬・愛猫家
    セカンダリーターゲット：ヤングカップル

  2)使用媒体
    ①知名度を上げるのに効果的で、イメージ喚起力が強いTV媒体をメイン媒体とする。
    ②理解度を上げるため、また、リーチを高めるために新聞広告をサブ・メディアとして使用。
    ③地元観光客のためにラジオスポットを実施。
    ④情報誌への広告

  3)期間
    需要期、夏休みに絞り込んだ出稿。7月中旬から8月初旬にかけて20日間。

  4)エリア
    ①首都圏
      *テレビ媒体の場合はキー局で東京・千葉・埼玉・神奈川・栃木・群馬・茨城を100%カバー

                                                                    P6
```

広告メディアについて
ターゲット、使用媒体、期間、エリアなどを書く。

III. コミュニケーション戦略(メディア)

【実施計画】

媒体	内容	金額(単位千円)
【広告】		
1. TVスポット	別紙詳細	¥50,000
	(コマーシャル制作費)	¥4,000
2. 新聞広告	朝日新聞、読売新聞夕刊 フリー使い	¥9,000
	下野新聞	¥1,000
3. ラジオ	FM栃木他	¥2,000
4. 情報誌	るるぶ他	¥3,000
5. その他	地域情報誌、タイアップ広告他	¥4,000
広告計		¥73,000

実施計画はこのように表組みにすると見やすい。

III. コミュニケーション戦略(クリエイティブ)

2. クリエイティブ戦略/実施案

【戦略】

1)TVCMの基本的考え方。
  ①大自然のスケール感と、楽しさを表現。
  ②どうぶつたちが主役。
  *コスト意識を持つ
  昨年度CM素材で利用できるものは使用し、出来るだけコストを押さえ、TVスポットの量を多くする。

2. ポスターの基本的考え方
  ①A全ポスターは「日光どうぶつ村」のロゴと主役のどうぶつたちの登場で連動。
  ②新聞・雑誌ではTVCMと連動。

➡ クリエイティブ案は別途

ここではクリエイティブの戦略だけを述べる。

実際のテレビCM案やデザイン案は別途用意し、このページを説明してから見せる。

III. コミュニケーション戦略(PR)

3. PR戦略/実施計画

【戦略】

媒体社から頼られ、信頼される関係作りを行う。それが紹介につながる。

1)パブリシティにつながるPR素材づくり
  ・どうぶつそのものを話題にする ― 珍しいどうぶつは？ 珍しい赤ちゃんなど
  ・働く人たちを話題にする ― ユニークなキャリアや才能をお持ち、女性の活躍など
  ・便宜を供与する ― 写真貸し出し、どうぶつタレント、施設貸し出し等
  ・施設を話題とする ― 人にやさしい施設(バリアフリー)、新しい施設、遊び場

2)ニュースリリースの継続的配信
  統計的データを作りPRする。アンケート結果を目立つ、見やすい、記事やニュースにしやすいPRネタのまとめ方をする。VTRリリースも考慮する。

3) TV番組タイアップの仕掛けづくり
  「日光どうぶつ村」をロケ場所に設定した企画づくり

4)プレスツアー(体験会)の実施
  各媒体の編集担当者を招待、どうぶつ村のシンパをつくり、媒体掲載を促進する。

アミューズメント施設のマーケティングプランではPRは重要な活動である。

P10には実施計画が入る。

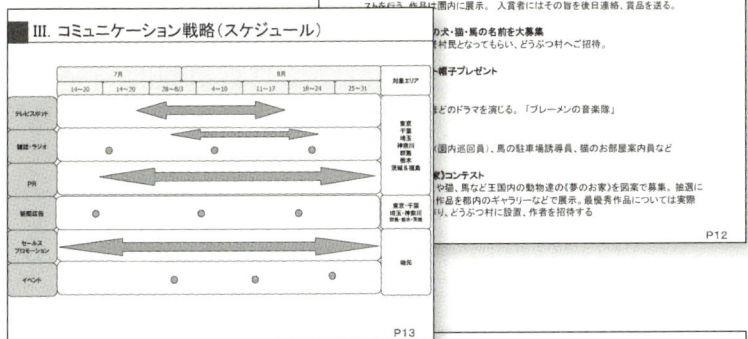

第3章　事例でわかる企画書作成のポイント

スケジュール

費用

スケジュールや費用は見やすく表組みにしよう。

事例

50 事業計画 総合企画書

お年寄りの旅行をサポートして、豊かな老後を送ってもらおうと、有志により日本ツアーサポーター協会設立準備委員会が発足した。そこで提出された事情計画書である。

企画書作成のポイント

事業計画書では「設立趣旨」「事業目的」「事業概要」「組織」「事業内容」「収支予測」「スケジュール」といった項目が必要となる。

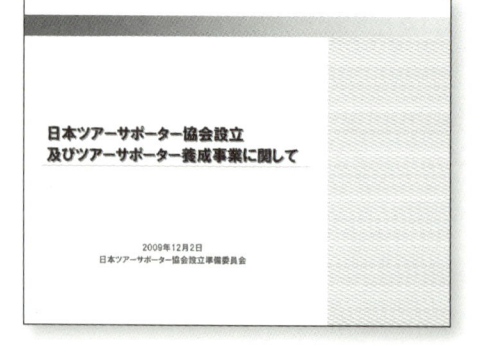

表紙
タイトルが少し長いが、中身を説明するうえではこれでよい。

趣旨
設立趣旨はある程度の長さになってもしっかりと記述する。ただし、スライドプレをする場合、文字の大きさは最低20ポイントは必要なので要旨だけ書く。

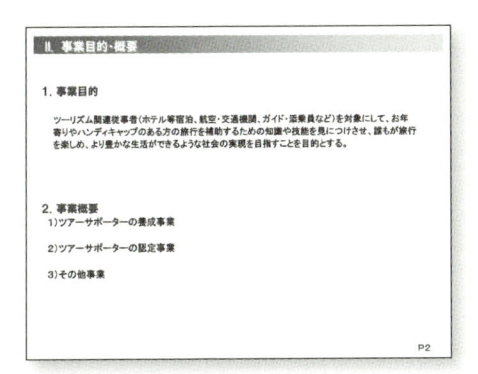

第3章 事例でわかる企画書作成のポイント

概要
このページは簡潔でよい。

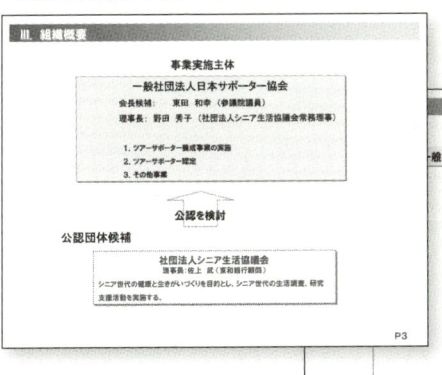

組織概要と運営
組織図は図で見せよう。

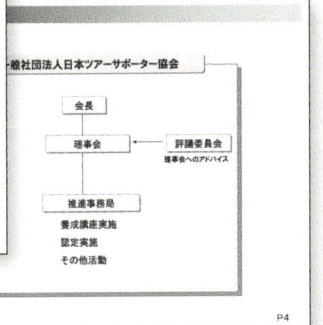

概要の具体内容
Ⅱの事業概要の具体的な説明を書く。

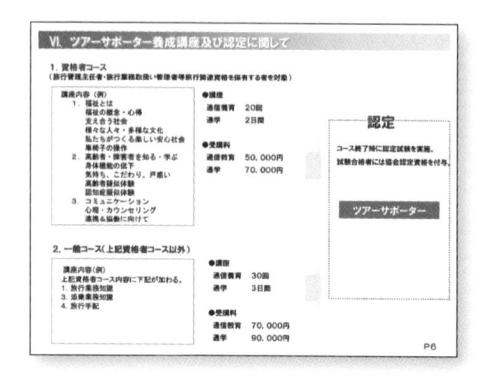

VI. ツアーサポーター養成講座及び認定に関して

1. 資格者コース
（旅行管理主任者・旅行業務取扱い・看護者等旅行関連資格を保有する者対象）

講座内容（例）
1. 福祉とは
   福祉の概念・心得
   支えあう社会
   様々な人々・多様な文化
   私たちがつくる明るい安心社会
   基礎的介護
2. 高齢者・障害者を知る・学ぶ
   身体機能の低下
   気持ち、こだわり、戸惑い
   高齢者疑似体験
   認知症疑似体験
3. コミュニケーション
   心理・カウンセリング
   連携＆協働に向けて

●講座
通信教育　20回
通学　2日間

●受講料
通信教育　50,000円
通学　70,000円

認定
コース終了時に認定試験を実施。
試験合格者には協会認定資格を付与。

ツアーサポーター

2. 一般コース（上記資格者コース以外）

講座内容（例）
上記資格者コース内容に下記が加わる。
1. 旅行業務知識
2. 添乗業務知識
4. 旅行手配

●講座
通信教育　30回
通学　3日間

●受講料
通信教育　70,000円
通学　90,000円

P6

> 講座内容の概略程度は入れたい。また、講座受講料なども記載する。

VII. その他活動に関して

1. ツアーサポーターの普及促進事業
   1) HPの開設による協会と活動のPR実施
   2) 旅行会社及び旅館・ホテルなどに対して、積極的にツアーサポーター資格を取得するよう広報・PR活動を行う
   3) 地方自治体と協力し、観光客等のひとつとしてツアーサポーター資格取得をPRする。
   4) メディアと協力し、講座・認定事業の広報・PR活動を行う、また資格取得者の活動紹介等をPRする
   5) 認定ツアーサポーターを旅行会社へ斡旋するなど、サポーターの活動の場を設ける
   6) サポーターのフォローアップ講座等の実施

2. ツアーサポーターに関しての研究、講演、表彰などの実施
   1) 旅行における弱者のサポートに関しての研究や、講演を実施
   2) ツアーサポーターとして活動が著しいものへの表彰などを行う

3. ツアーサポーターに関する国内外の諸団体・機関との連携・協働を図る活動
   1) 地域コミュニティや観光地づくりの支援

P7

> 活動の具体的詳細をできるだけ多く書く。

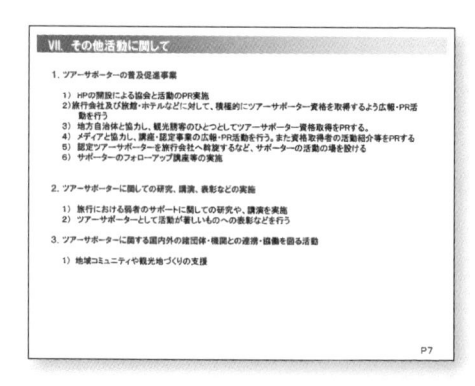

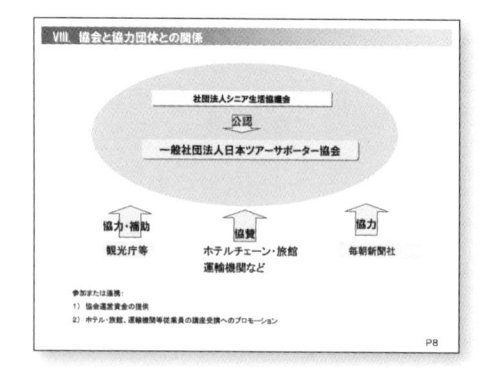

VIII. 協会と協力団体との関係

社団法人シニア生活機構会
　　　↕　公認
一般社団法人日本ツアーサポーター協会

　↑協力・補助　　↑協賛　　↑協力
　観光庁等　　　ホテルチェーン・旅館　毎朝新聞社
　　　　　　　　運輸機関など

参加または議題:
1) 協会運営資金の提供
2) ホテル・旅館、運輸機関等従業員の講座受講へのプロモーション

P8

> 事業計画では、このような協力団体に関して記載することも重要。
>
> どんな団体が協力をしてくれるかでこのプロジェクトの確実性や発展性が見える。

166

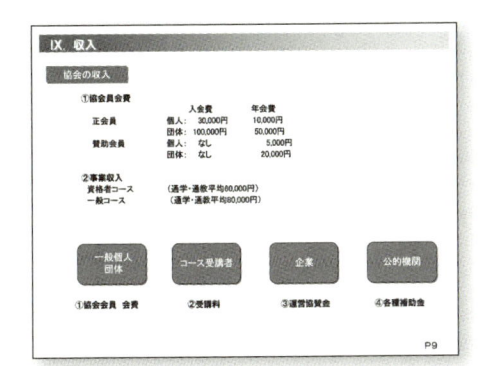

第3章 事例でわかる企画書作成のポイント

収入の予測
事業を計画するのだから、この活動をすればどんな収入が得られるかを記載する必要がある。

スケジュール
このように表組みにすると見やすい。

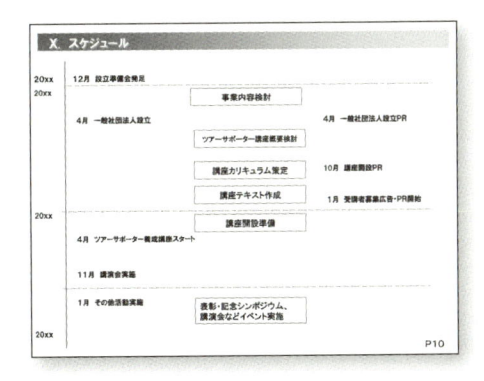

収支予測
事業計画書には必ず必要な項目。これがなければ計画書は成立しない。事例では数値を入れていないが、必ず入れる。

コラム ▶ 2

1日10分のThinking Time

　外資系の広告会社に12年間身を置いて、個性のある人たちにたくさん出会い、よい経験をしました。特に印象に残っているのは上司のTさん。彼からは英文の企画書の書き方をはじめ、得意先との打ち合わせメモやレポートの書き方、外国人との交渉方法や新規得意先開拓の方法など、たくさんのことを学びました。

　中でも今も毎日実践している彼の"教え"は、「朝のコーヒータイム」です。Tさんからは「毎日の仕事では緊急性のあることを優先してしまい、重要でも緊急性の低いことは後回しにされる。人の上に立って仕事を進めたり、物事を戦略的に考えるためには、1日10分でよいから目の前にある仕事以外のことを毎日考える癖をつけなさい」と言われました。

　それ以来現在まで、通常は始業の30分前には会社の近くの喫茶店に寄り、考え事をするようになりました。その日のスケジュールを確認し、その後で15分程度目先のことを離れてさまざまなことを考えます。会社に行ってもよいのですが、オフィスとは違う環境で、アイドリングを兼ねてのこの時間が私のアイデア発想タイムであり、戦略立案時間でもあります。1週間に1回ではだめです。短い時間でも毎日こうした時間を持つことを癖にすることが必要です。ぜひ皆さんも試してみてください。

第4章

企画書を
グレードアップする方法

１ パソコンソフトを使いこなす

WordやExcel、PowerPointなどのソフトを使いこなして、見やすくわかりやすい企画書を作成しよう。

ポイント1 企画書作成にはパソコンが欠かせない

　1枚企画書（縦型）の作成なら文字が中心なのでWordで作成すればよい。図表を入れるならExcelで作成して貼り付ける。横型の企画書やプレゼン用のシートを作成するならPowerPointが便利だ。

　特にPowerPointはプレゼン用のソフトなので、さまざまな機能が付いている。これを駆使すれば見やすくインパクトのある企画書が作成可能だ。

　企画書を作成する上でパソコンが便利な点はこれだけではない。①インターネットやメールで幅広い情報が、すぐに集められる、②これまでにパソコンに蓄積されたデータやこれまでの企画書を再利用できる、また③複数のスタッフで企画書を作ったり、遠隔地に企画書を送る際などにもパソコンは力を発揮する。自社の新商品やサービスをプレゼンする場合でも一度"基本企画書"を作成しておけば、必要部分だけ追加修正してすぐ"受け手に応じた"企画書が用意できる。

第4章 企画書をグレードアップする方法

図 4-1 パソコンを使うメリットとは

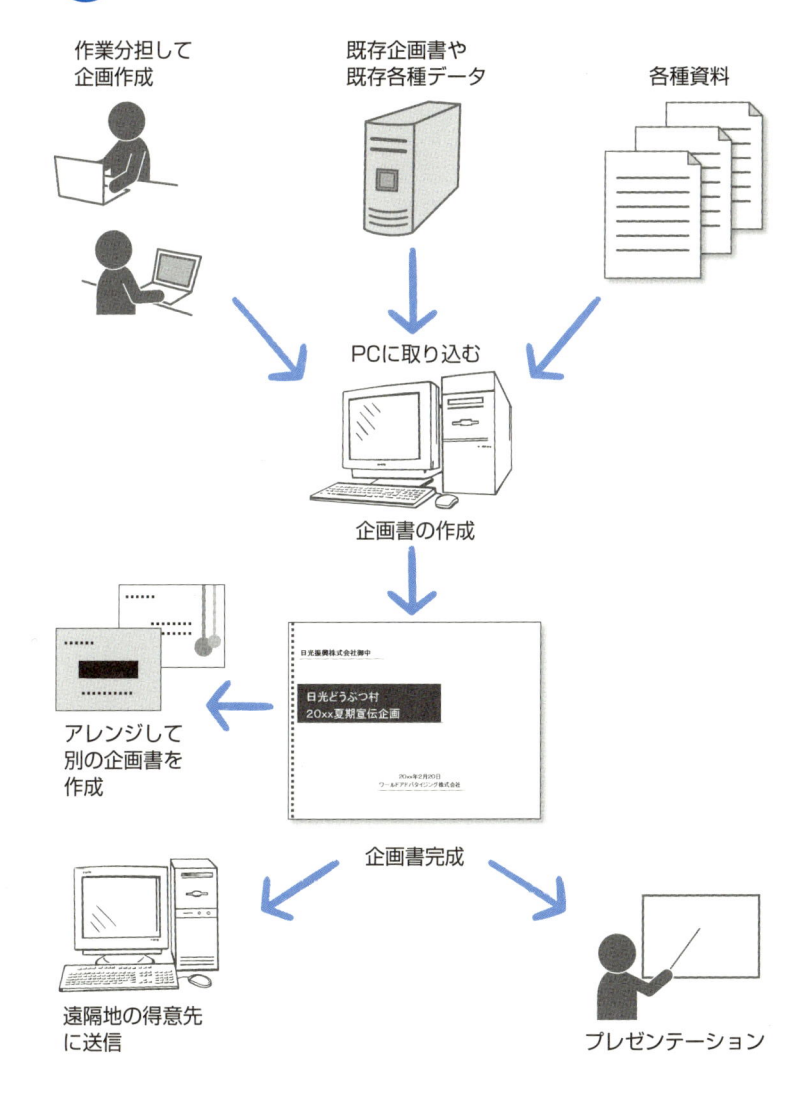

- 作業分担して企画作成
- 既存企画書や既存各種データ
- 各種資料

↓

PCに取り込む

↓

企画書の作成

↓

- アレンジして別の企画書を作成
- 企画書完成
- 遠隔地の得意先に送信
- プレゼンテーション

ポイント 2 PowerPointを最大限利用しよう

　10枚以上のボリュームになる企画書を作成する際にはPowerPointを活用すると便利だ。私の場合は、まずどの程度の分量の企画書か目安をつけ、図4−2のようにタイトルを各ページに入れておく。これをアウトライン表示して眺めながら、もう一度構成をじっくりと検討し、内容を構想する。

　情報の分析や目標設定、戦略部分の構想がまとまれば順に各ページを埋めていく。実施計画部分では埋めやすいページから書き込んでいってもよい。また進めて行くうちに構成に問題が出れば、クリック1つでページの入れ替えができるから簡単だ。

　以前はWordで企画書を作成していたが、Wordではページ移動に時間がかかり、またレイアウトを統一することも面倒だ。その点PowerPointなら1ページだけきちんとレイアウトすれば後は"スライドを複製"するだけで同じレイアウトが使える。

　PowerPointには、この他企画書を見やすく印象的にするためのさまざまな機能が付いている。文字の強調や色付けもしやすいし、ワードアートを利用すれば文字の遊びもいろいろとできる。また、テキストボックスとオートシェイプを利用すれば、見やすくインパクトのある図が簡単に作成できる。もちろんExcelで作成した表やグラフも簡単に取り込める。また、イラストを入れたければクリップアートから取り込むことができるし、Web上にある無料のイラストを入れることも可能だ。

　また、外部の協力スタッフに作成してもらった部分があってもこれをメール添付で送ってもらえれば簡単に取り込むことができる。さらに"スライドショー"機能を使えば動きのあるパワフルなプレゼンテーションが可能だ。

第4章 企画書をグレードアップする方法

図4-2 Powerpointを使うメリット

1. 内容の構想を練るのに便利

   各ページの頭にタイトルを入れておき、アウトライン表示（画面に各ページを表示）して、内容を構想する。

2. スライドの入れ替え、挿入が簡単

3. 他の人が作成したページも挿入できる

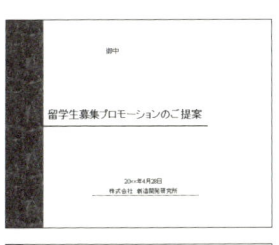

4. レイアウトのコピーが簡単

   １ページレイアウトすれば、後はコピー＆ペーストで同じレイアウトが作れる。

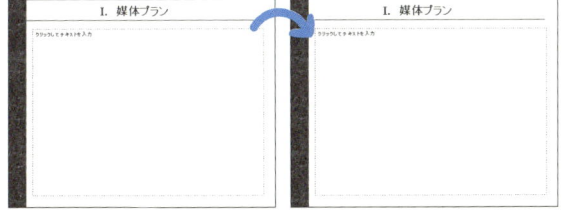

173

2 文字のレイアウトを整える

見出しの整理やレイアウトによって、企画書の見場はだいぶ違ってくる。またPowerPointを利用して、1枚企画書をプレゼン用のスライドにすることもできる。

ポイント 1 見出しを整理する

「背景」「目的」「戦略」など項目の見出しはもちろんだが、小見出しも必要に応じてつけよう。読み手にわかりやすく論理展開を明確にするためには小見出しが決め手だ。

ポイント 2 文字にめりはりを付ける

タイプフェース（書体）は2種類ぐらいに抑える。タイトルや見出しは文字を本文より少し大きめにしたり、太字にするなど目立たせよう。斜体や影付きの文字を使用しているものを見かけるが、文字のビジュアル化はやりすぎないことが肝心。

ポイント 3 プレゼンのスタイルに合わせてレイアウトする

ページレイアウトでは天地、左右の空きをとり、あまり狭苦しくないように文章を配置する。レイアウトについては、どのようにプレゼンテーションするかによって大きく違ってくる。

多数を対象としたスライドプレゼンなら、文字数は少なくす

第4章 企画書をグレードアップする方法

る。説明部分は配布資料に追加記載して、後で渡せばよい。

3章の事例9（P80）の1枚企画書も、PowerPointを利用して下記のようにプレゼン用のスライドにすることができる。

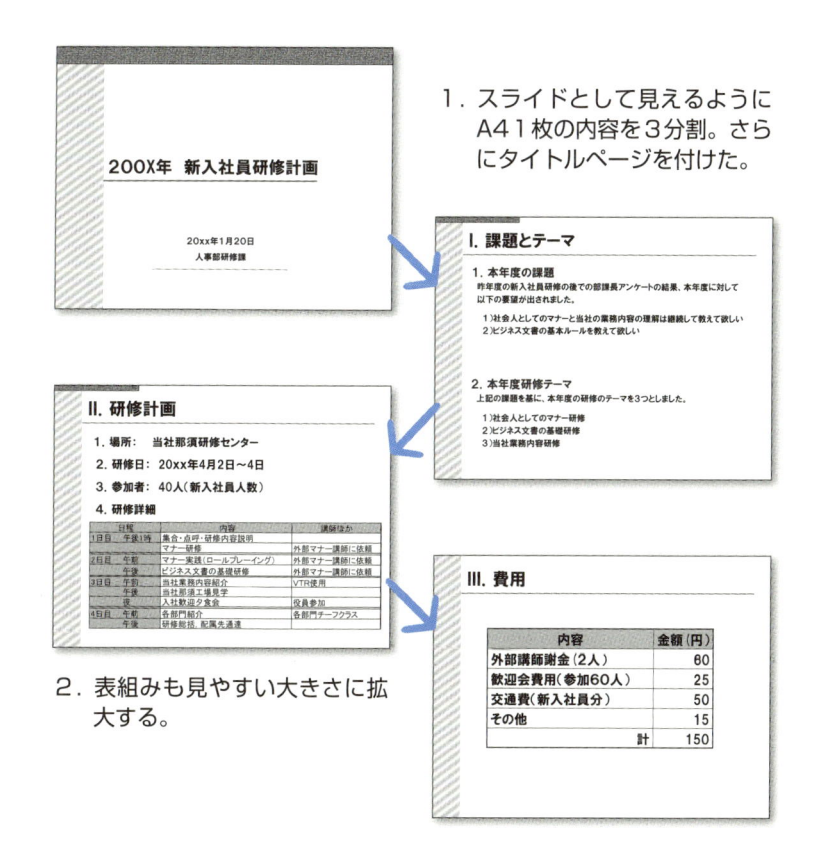

図4-3 Powerpointを利用した企画書の例

1. スライドとして見えるようにA4 1枚の内容を3分割。さらにタイトルページを付けた。

2. 表組みも見やすい大きさに拡大する。

左右のページの内容は同じだが、レイアウトを整理するだけで見場が違ってくる。

図4-4 レイアウトの整理で見やすく仕上げる

レイアウトが整理されていない例

```
                                              20xx年6月4日
マーケティング本部長
長沼武様

「アンクル・ヘンリー」アンテナショップ設立計画

開発企画部　佐伯智彦

目的
①「ヘンリー・ヘンリー」の消費者への直接PRによる認知拡大
②通販商品の展示による商品理解の促進
③消費者トレンド情報の収集

店舗設立戦略
①ターゲット
メインターゲットは30才以上の男性サラリーマン。商社，金融，外資系企業勤務者など。
②出店場所
上記ターゲット層が集まる東京都心。昼休みや勤務帰りの来店を考える
③店舗イメージ
コンセプトは「Well qualified」（一流の証）

出店計画
①店名　　　　　「ヘンリー・ヘンリー」
②出展予定地　　東京都中央区銀座2丁目
③店舗規模　　　120㎡
④店舗デザイン
　　　　　　　　コンセプトにあわせ，クオリティ感を出した落ち着いた内装および商品ディ
　　　　　　　　スプレイとするが，エントランス部分は開放感を感じさせるように広くとる（
　　　　　　　　添付デザイン案参照）
⑤商品内容　　　カタログ商品のうち，定番アイテムおよび新着品

採算予測
①初年度投下資金
　　　　　　出店準備費　　　　契約金・保証金
　　　　　　　　　　　　　　　工事費
　　　　　　　　　　　　　　　什器・備品
　　　　　　　　　　　　　　　スタッフリクルート・教育
　　　　　　　　　　　　　　　その他
　　　　　　ランニングコス　　家賃・光熱費等
　　　　　　　　　　　　　　　スタッフ人件費
　　　　　　　　　　　　　　　管理費

②売上げ予測　初年度
③利益予測

添付資料
①物件案内，付近案内地図，通行量調査結果
②店舗イメージパース
```

宛先の配置や、字間、文字の強弱、数組みなどで、見やすさがこれだけ変わる。番号数字は、Ⅰ．1、1）、①の順に付ける。

レイアウトを整理した例

20xx年6月4日

マーケティング本部長
長沼武様

「アンクル・ヘンリー」アンテナショップ設立計画

開発企画部　佐伯智彦

1. 目的
　1）「ヘンリー・ヘンリー」の消費者への直接PRによる認知拡大
　2）通販商品の展示による商品理解の促進
　3）消費者トレンド情報の収集

2. 店舗設立戦略
　1）ターゲット
　　　メインターゲットは30才以上の男性サラリーマン。商社、金融、外資系企業勤務者など。
　2）出店場所
　　　上記ターゲット層が集まる東京都心。昼休みや勤務帰りの来店を考える
　3）店舗イメージ
　　　コンセプトは「Well qualified」（一流の証）

3. 出店計画
　1）店名　　　　　　「ヘンリー・ヘンリー」
　2）出展予定地　　　東京都中央区銀座2丁目
　3）店舗規模　　　　120㎡
　4）店舗デザイン
　　　コンセプトにあわせ，クオリティ感を出した落ち着いた内装及び商品ディスプレイとするが，
　　　エントランス部分は開放感を感じさせるように広くとる（添付デザイン案参照）
　5）商品内容　　　　カタログ商品のうち、定番アイテムおよび新着品

4. 採算予測

項目	内容	金額
初年度投下資金	出展準備費　契約金・保証金	
	工事費	
	什器・備品	
	スタッフリクルート・教育	
	その他	
	ランニングコスト　家賃・光熱費等	
	スタッフ人件費	
	管理費	
売り上げ予測		
利益予測		

添付資料
　1）物件案内，付近案内地図，通行量調査結果
　2）店舗イメージパース

3 テンプレートを利用する

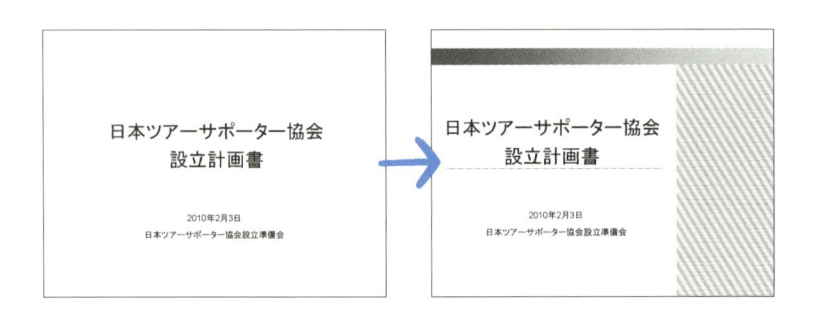

企画書は大切な商品。商品と思えば中身はもちろん"外見"も大切になってくる。PowerPointのテンプレートを利用すれば外見が変わる。

ポイント 1 テンプレートの活用と作成

　魅力ある企画書に見せるためには、企画書に化粧をしたい。下記のように文字だけのタイトルページも、デザインを施すことにより、より魅力ある企画書に仕上げることができる。

図 4-5 テンプレートの使用例

第4章 企画書をグレードアップする方法

　表紙や中面のレイアウトを簡単にデザインするには、PowerPointのテンプレートを利用すればよい。

　「書式」から「スライドデザイン」を選べば、40程度の一般的な企画書やプレゼンテーション用のフォーマット（テンプレート）が表示される。この中から好きなデザインを選ぶだけでよい。

図4-6 テンプレートの選び方

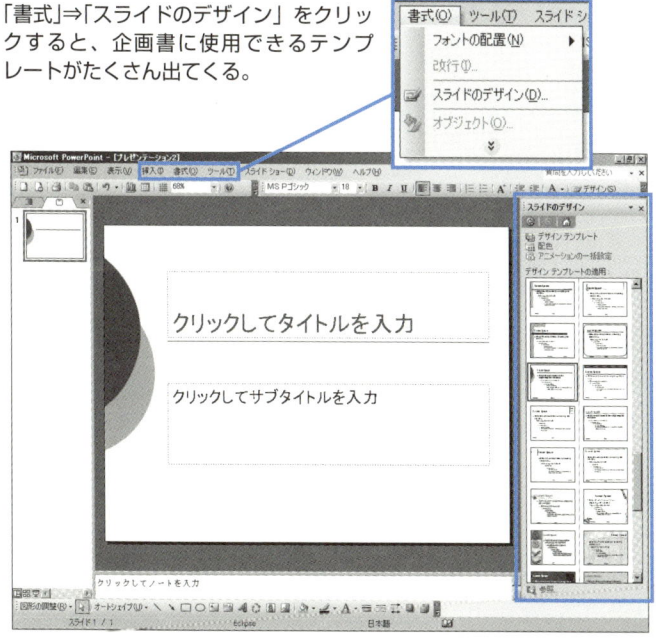

「書式」⇒「スライドのデザイン」をクリックすると、企画書に使用できるテンプレートがたくさん出てくる。

表示されたテンプレートの中から好きなものを選べばよい。

さらに他のデザインが欲しいなら、オンライン上にあるテンプレートを利用することもできる。下記のような手順で簡単にさまざまなジャンルのテンプレートを自分の企画書に当てはめることが可能だ。

図4-7 オンライン上にあるテンプレートの利用方法

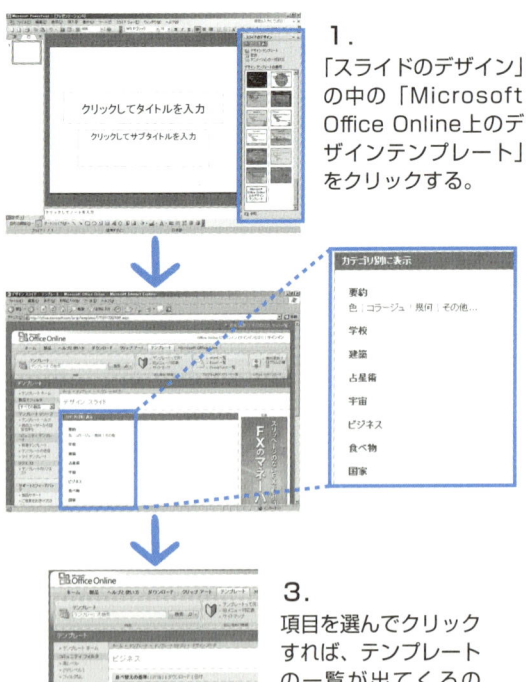

1.
「スライドのデザイン」の中の「Microsoft Office Online上のデザインテンプレート」をクリックする。

2.
「Microsoft office Online」に接続され、テンプレートのテイストに沿ったジャンルが表示される。

3.
項目を選んでクリックすれば、テンプレートの一覧が出てくるので、好きなデザインを選ぶ。

第4章 企画書をグレードアップする方法

　また、既存のテンプレートが使いづらかったり、オリジナリティを出したいなら、自分でテンプレートを開発するのもよい。
　私の場合は時間のある時に、下記のような企画書のレイアウトを作成し、ファイルしておき必要に応じて使っている。

図4-8 オリジナルのテンプレートをストック

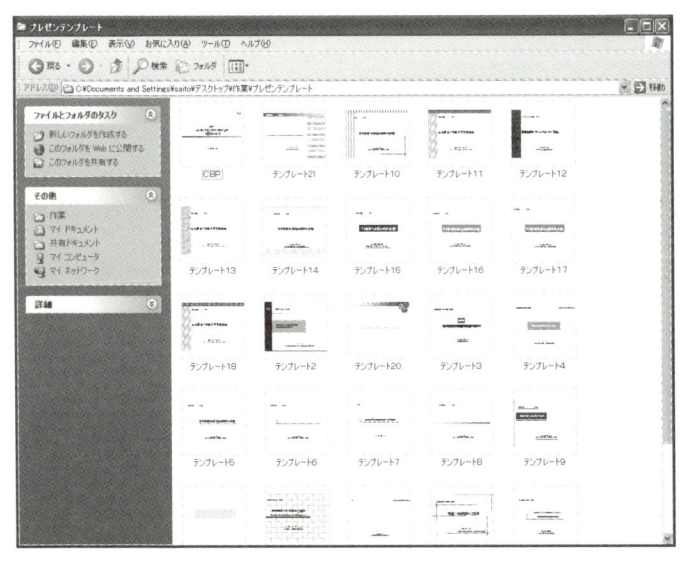

自分で作成したデザインをフォルダーにためておき、必要に応じて使う。

4

オートシェイプや作図機能を駆使する

企画書作成のためにはWordやPowerPointにある機能を利用したい。特にプレゼンテーションの場合はこれを利用すると見やすさやインパクトが違う。

ポイント 1 オートシェイプの活用

"オートシェイプ"には、図形、ブロック矢印、線、吹き出し、フローチャートなどが簡単に挿入できる機能がある。これを使えば、組織図などはより見やすくなる。

図 4-9 作図の例

作図により組織構造が一見してわかるようになる。

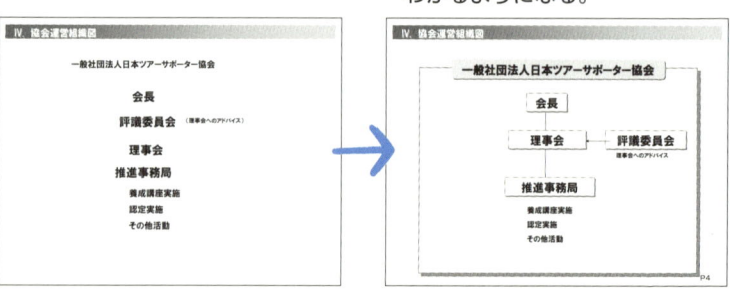

第4章 企画書をグレードアップする方法

オートシェイプの他にもいくつかの機能があるので、これを利用して、企画書を見やすく楽しいものに仕上げたい。

図4-10 さまざまな機能の例

Excelでグラフを作成しておけば、「グラフの挿入」で企画書に簡単にグラフが入れられる。

費用などを表組みにするには「表の挿入」を使えばよい。

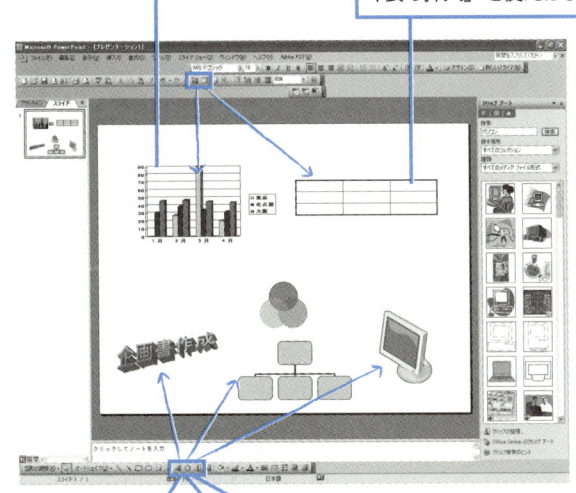

「ワードアートの挿入」で、文字を強調したり、動きを持たせることができる。ただし、やりすぎは禁物。企画書に品がなくなる。

「クリップアートの挿入」からはさまざまなイラストや写真を入れることができる。

「図表または組織図を挿入します」をクリックすれば、図形を簡単に挿入することができる。

183

ポイント 2 オートシェイプに手を加えて、クオリティアップしよう

　図形やブロック矢印なども少し手を加えるだけでクオリティがあがる。時間があるときに作図して自分用のファイルにためておけば必要な時にすぐに利用できる。

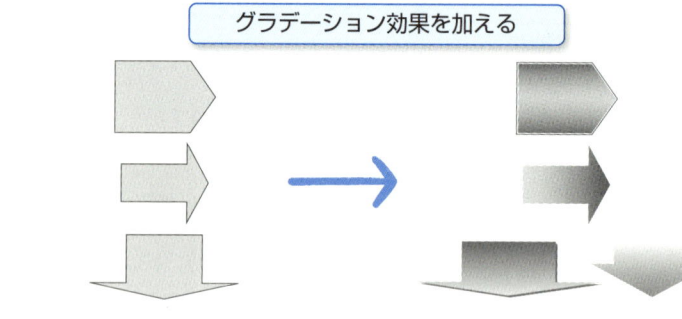

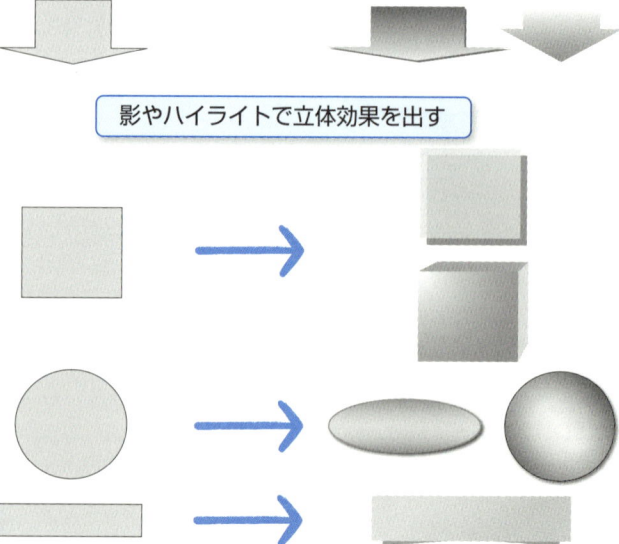

図 4-11 オートシェイプの加工例

グラデーション効果を加える

影やハイライトで立体効果を出す

第4章 企画書をグレードアップする方法

ポイント 3　図形や表組みの工夫をしよう

　いざ企画書を依頼されると時間に追われ、なかなか見場をよくする時間がない。そのためには予めいくつかのサンプルを作っておき、それを参考にするとよい。

図 4-12　図形や表組みの例

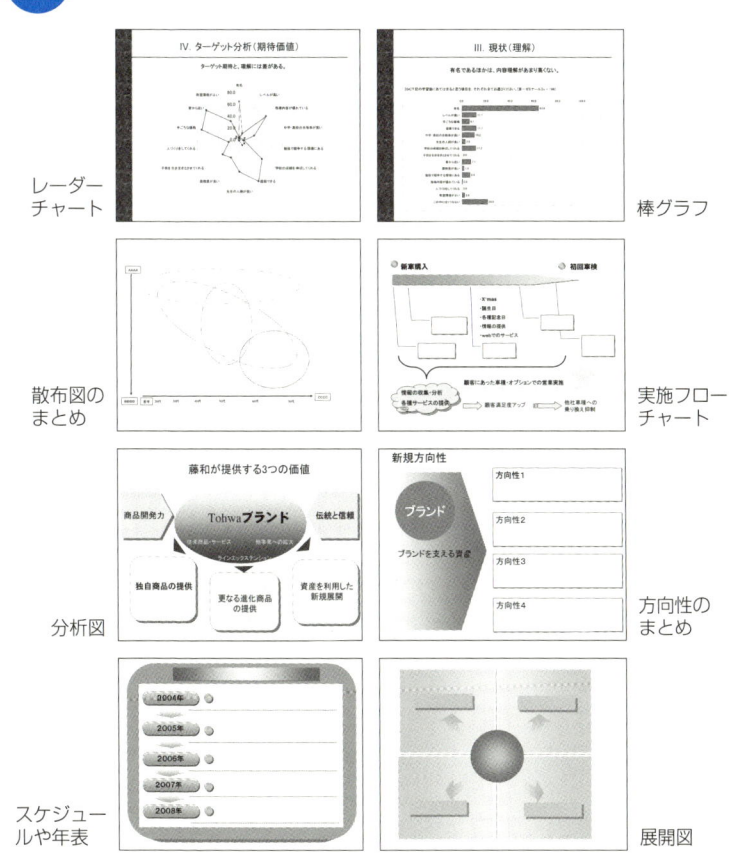

- レーダーチャート
- 棒グラフ
- 散布図のまとめ
- 実施フローチャート
- 分析図
- 方向性のまとめ
- スケジュールや年表
- 展開図

5 ユニークな打ち出し方をする

基本の構成を踏まえた企画書作成に慣れてきたら、次のステップでは、構成自体に一工夫を加えて、ユニークな企画書にチャレンジしてみよう。

ポイント 1 基本ができたら、次のステップへ

　企画書はロジカルでなければいけない。その構成は基本的に「背景」「目的」「戦略」「具体的実行計画」の順だと書いてきた。しかし、これはあくまでも原則であり、初歩的な段階のことだ。企画書を書き慣れたら、構成も自分なりに工夫することにチャレンジしてみよう。

　ただ、ピアノでもはじめはバイエルから基礎的な稽古をする。何度も何度も同じことを繰り返し、指が自然と覚え込んで初めて次のステップに進む。絵画でも同じことで、デッサンや習作を繰り返し、その後自分のスタイルを見つける。企画書も同様に、基礎的な構成や書き方を自分のものにする期間が必要だ。その段階を十分経てから、次のステップとして自分流の、あるいは相手や状況に合わせた企画書を作成する。

　画一的な企画書ではなく、相手が何を望んでいるか、それにいかに応えるかをいつも考えたい。

第4章 企画書をグレードアップする方法

❶ 約束をする

　これは私が外資の広告会社にいたときに学んだ手法の１つだ。得意先を信頼させるため、まず10の約束をし、その後なぜ約束できるか、その約束のためにどんな具体的な行動をするか、次ページ以降詳細を述べる。

　いきなり約束をしてしまうという、大胆だがインパクトのある企画書だ。

図4-13 「約束」を冒頭に入れた例

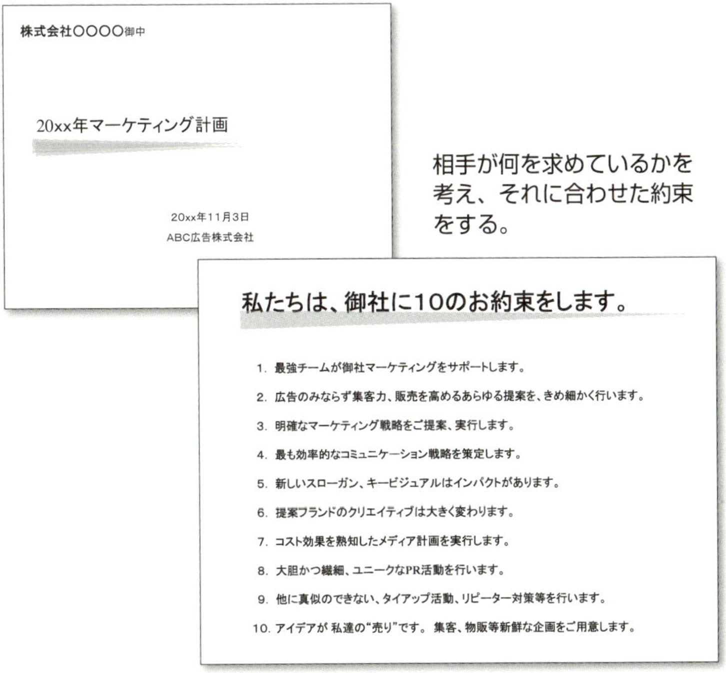

株式会社〇〇〇〇御中

20xx年マーケティング計画

20xx年11月3日
ABC広告株式会社

相手が何を求めているかを考え、それに合わせた約束をする。

私たちは、御社に10のお約束をします。

1. 最強チームが御社マーケティングをサポートします。
2. 広告のみならず集客力、販売を高めるあらゆる提案を、きめ細かく行います。
3. 明確なマーケティング戦略をご提案、実行します。
4. 最も効率的なコミュニケーション戦略を策定します。
5. 新しいスローガン、キービジュアルはインパクトがあります。
6. 提案ブランドのクリエイティブは大きく変わります。
7. コスト効果を熟知したメディア計画を実行します。
8. 大胆かつ繊細、ユニークなPR活動を行います。
9. 他に真似のできない、タイアップ活動、リピーター対策等を行います。
10. アイデアが私達の"売り"です。集客、物販等新鮮な企画をご用意します。

❷ **タイトルで興味を引く**

　ここでは企画書のタイトルで企画内容の概要をすでに述べてしまう。あとのページではこのタイトルの内容説明だ。この手法はティーザー広告※の手法に似ている。タイトルで中身を早く知りたいと思わせ、聞き手（読み手）の意識を集中させる。

※ティーザー広告：本来伝えるべき商品名や内容を明らかにせず、期待感をあおる広告手法。tease（じらす）からきている。

図4-14 インパクトのあるタイトル付けの例

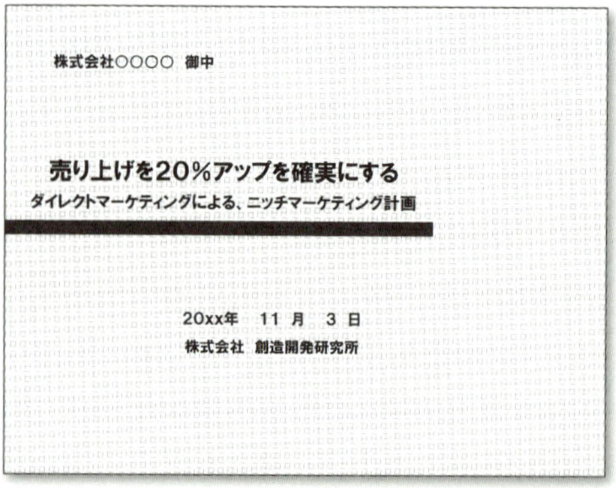

株式会社〇〇〇〇　御中

売り上げを20％アップを確実にする
ダイレクトマーケティングによる、ニッチマーケティング計画

20xx年　11月　3日
株式会社　創造開発研究所

成果を約束したタイトル

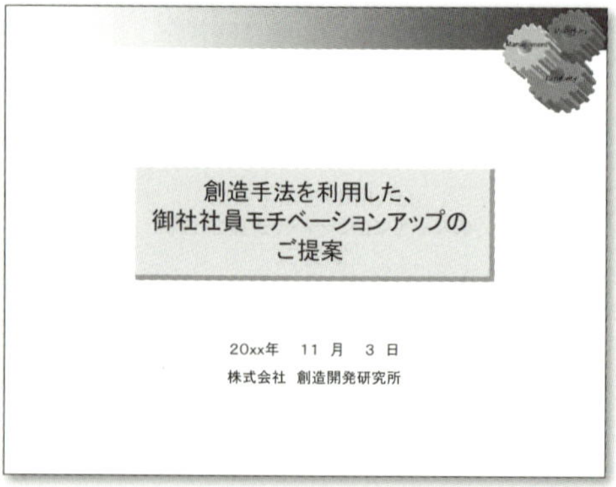

創造手法を利用した、
御社社員モチベーションアップの
ご提案

20xx年　11月　3日
株式会社　創造開発研究所

どんな手法なのか興味を持たせたタイトル

第4章　企画書をグレードアップする方法

❸ 図やチャートで概略を説明

　表紙の次のページで、この企画の概要を図やチャートで説明してしまう方法。まず、企画構想全体を理解してもらい、次いで詳細の説明に入る手法だ。企画内容が複雑な場合や相互関連性のある企画に向いている。

図4-15　企画自体の概要を図示した例

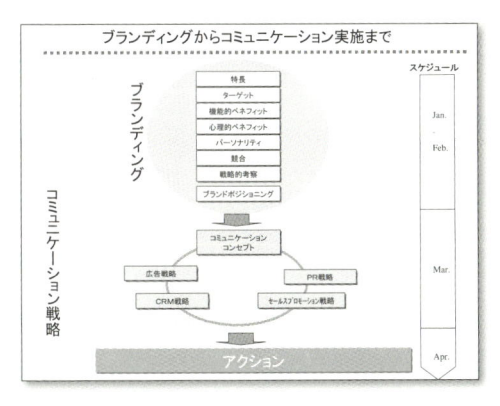

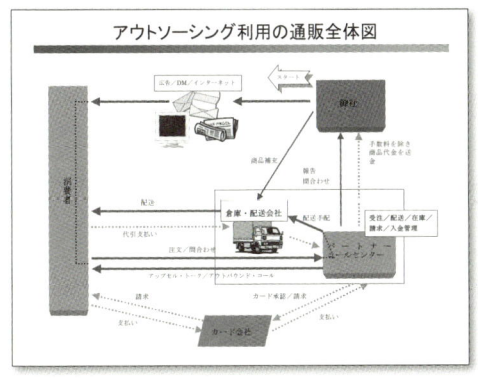

❹ 数字で説得

　これは私がダイレクトマーケティングの企画書を作成する時によく使う方法だ。ダイレクトマーケティングでは数字が"命"となる。言葉よりも数字を中心とした企画書で、実践的な企画書と言える。

図4-16　数字を中心にして作成した例

御中

ダイレクトマーケティング計画

20xx年8月8日
㈱東和エージェンシー

この数表を中心とした「実施計画」のページだけでメディア計画から収益予測までを説明できる。

実施計画

●メディア費　約5,000万円で11,000の注文を獲得

メディア/ビークル		広告費（円）	CPO予測（円）	注文予測
朝日新聞　全国	7Dカラー	18,080,000	4,742	3,813
読売新聞　全国	7Dカラー	18,026,600	5,288	3,409
毎日新聞　全国	15Dカラー	8,000,000	4,850	1,649
	小計	44,106,600		8,871
サンケイ新聞	15Dカラー	5,000,000	2,996	1,669
	新聞計	49,106,600		10,540
新聞折込テスト	20万部	1,400,000	5,800	240
	合計	50,506,600		10,780

＊朝日新聞CPO予測： 05/05実績CPO5,071円　5,071円x120％＝6,080円　6,080円x78％＝4,742円
＊読売新聞CPO予測： 05/04実績CPO5,651円　5,651円x120％＝6,780円　6,780円x78％＝5,288円
＊毎日新聞CPO予測： 05/05実績3,733円　　　3,733円x130％＝4,850円
＊サンケイ新聞CPO予測：5,000,000÷1,669＝2,996　（前述）

＊新聞折込　200,000テスト配布：　サーキュレーションあたり0.15％と推定。
　費用＝200,000x（印刷3.0+折込4.0）＝1,400,000　200,000 x 0.12％＝240　CPO＝5800

第5章

企画書を通す12の方法

1 企画書が採用されるための条件を知る

企画書は採用され、実施されてはじめて価値を生む。企画書が採用されるためには①要件を満たす②面白いこと③要望に合うの3条件が必要だ。

ポイント 1 要件を満たしているか？

　企画書に盛り込むべき要件は依頼内容や相手のブリーフィング（事前説明）によっても異なるが、一般的には①企画の目的②目的を達成するための戦略③具体的な実施計画（スケジュールと見積りを含む）だ。時々「計画のスケジュールと見積りについては企画の採用が決定してから提出します」などという企画書がある。詳細は企画決定後にしか提示できないとしても、ラフなスケジュールと概算見積りは提出しなければ企画の有効性を検討ができない。前提付きでも見積りやスケジュールは必要だ。

ポイント 2 相手に面白いと興味を持ってもらえるか？

　企画書では「これは面白い」「これを実行すればプラスになる」と思わせる内容がなければなかなか採用されない。
　企画はアイデアだと言ってもよい。ただ、特別にユニークな企画書というのはなかなかない。企画の多くはこれまでにあるアイデアの踏襲だ。ただ、すでに実施されているアイデアでも、少し

手を加えることにより、新しい企画になる。例えばタバコ会社がよく行うSelf liquidation（セルフリキデーション：通称セルリキ）がある。タバコの帯やバーコードを集めて一定のお金を払うとオリジナルグッズが買えるというキャンペーンだが、これの原型はグリーンスタンプに始まるクーポン集めにある。この何かを"集めること"に"金銭の支払い"をプラスすることで新しい企画＝セルリキが生まれた。このように企画の原型に何かをプラスする、変形する、対象を変えるなど工夫をすればユニークな企画は生まれる。また平凡な企画でもすでに成果が実証されている企画は採用されやすい。さらに、実施費用が低予算でも効果があるという企画もよい。①新しさ・アイデア②実証されているメリット（数字で示せると説得力がある）③低価格、といった観点から相手の興味を引こう。

ポイント 3 相手の要望に沿っているか？

どんなにユニークな企画書でも、相手の要望に沿っていなければ採用されない。

例えば、ブランドイメージをもっと上げるためにはどうしたらよいか提案を求められたとする。これに対して、このブランドはすでに古い、新しいブランドを立ち上げるべきだと提案しても採用されない。相手の求めているのは既存ブランドの活性化で、新ブランドの開発ではないからだ。もし、現状分析の結果として現状のブランドにしがみついていても先がないとするなら、それは別の提案にしなければいけない。その際はまず相手の要望に沿って何ができるかを提案し、その後、追加提案として違う角度の考えもあると付け加えるようにする。

2 企画を採用する相手は誰かを知る

企画書の採否は誰が決定するか。まずそれを知ろう。そして決定者の性格、年齢、キャリアなどのほか、相手の抱えている問題などをできるだけ詳しく知って対策を立てる。

ポイント 1 社内企画書の場合

　上司から企画書を依頼された場合、その企画の決定者は依頼した上司なのか、その上の管理者か、あるいは役員や社長なのかを考えよう。直属の上司なら、その人物のことをよくわかっているはずだ。

　せっかちな上司なら企画書はできるだけ早く書き上げなければならない。慎重な性格なら、できるだけリスクの少ない企画内容にする。また細かな性格の上司なら誤字や脱字だけで企画書全体を否定されることもある。役員や社長が決定者なら、経営的視点が必要かもしれない。決定者の性格や、普段の考え方、行動などを知っておき、その顔を思い出しながら書くことが決定に至る早道と言える。

ポイント 2 社外企画書の場合

　得意先から企画書を依頼された場合、あなたに企画を依頼した人が必ずしも企画書を受け取る相手とは限らない。気心が知れた

担当者から企画を依頼され、いざ企画提出の場に臨むと担当者の上司である部長が待ち受けているということもある。たいていの場合、担当者は企画の背景をよく知っているが、部長は知らないというケースが多い。この場合は簡単にでも背景を記載した企画書でなければ部長は理解できない。また受け取り手が決定者であるとも限らない。担当が依頼し、担当者と部長が同席で受け取り、決定権はその上の役員が握っているということもある。

依頼をされたら、まず決定者は誰なのかを知ることが大切だ。オリエンテーションを受けたら、それとなく決定権者は誰なのか探りを入れよう。そして、その人の性格などの情報を集め、決定者の受け入れやすい企画書を書くようにしたい。

ポイント 3 企画は一人歩きする

企画を受取る人と決定する人が同じならば問題ないが、異なる場合は企画書の書き方に注意しよう。企画を提出するときはたいていの場合、企画書を基にした口頭説明をする。文字にプラスして補足説明が行われるので、相手の理解を得やすい。またプレゼンターの巧みな話術や熱気が企画書の説得力を増加させているかもしれない。ところが、決定者がその出席していない場合は、企画の受け取り手が決定者に説明することになる。その際企画を受取った人の説明が悪く、企画意図が正確に伝わらないことはよくある。最悪のケースでは、何の説明されずに決定者に渡ってしまうかも知れない。

企画書は簡潔なものがよいが、補足説明の必要がない内容でなければならない。最近の企画書はチャートや図形が多用されているが、一人歩きしたときに本当に理解されているのか気になる。

3 オリエンテーションに集中する

通常得意先や上司から企画依頼があるときは、オリエンテーション（依頼説明）がある。企画のスタート地点と考え、慎重に臨もう。

ポイント 1 チェックシートを用意しよう

　オリエンテーション（以下オリエン）内容を簡潔にまとめたメモ（オリエンシート）を用意してくれる得意先や上司は案外少ない。口頭で、しかも必ずしも明快とは言えない説明がされることも多々ある。時にはオリエンが終了し、社内スタッフに内容を伝える際に初めて肝心な点を聞いていないということもある。こうしたときに有効なのがチェックリストだ。What（対象商品・ブランド・サービス）Why（目的）Who（対象者）When（期間）Where（エリア）How（使用方法・手段）How much（予算）How Long（スケジュール）と、5W3Hを基にしたチェックリストを予め準備して手元においておこう。

　オリエンで聞いた内容を記載し、もし説明がない項目があれば質問をする。その際忘れてならないのは「必須事項や注意事項」だ。社内ならよいが、社外の場合は得意先によってはしてはいけないことや、犯してはならない不文律があることもある。

ポイント 2 自分で論理立て、整理し、確認する

　オリエンを聞きながら、自分の言葉で論理的に整理し、相手に確認をする。オリエンをする側は「そんなことは当然知っているだろう」という立場で、説明を簡略化する傾向がある。初めての得意先の場合、質問するのがためらわれるようなことがあってもオリエンの場がすべてと考え、疑問や情報不足はその場で解消しよう。わからない用語や抽象的な言葉はもちろんだが、論旨のあいまいな点があれば質問をする。例えば「ターゲットは男性の30代を中心としますが、女性層も考えてください」と言われた場合、「メインターゲットを男性30代、サブとして女性30代と考えるのか」など、具体的に質問する。

　依頼者のオリエンはいつも明確であるとは限らない。お困りごとをそのまま説明してくることもある。こうした場合は、こちら側でいくつかの仮説を考え、相手に投げかけ反応を見ながら方向性をしぼることも1つの方法だ。また、相手がどんな点に苦労しているか、具体的事例を挙げてもらい説明を受けると、本質が見えてくる。

ポイント 3 確認作業をする

　オリエンが終わったら、必ず打ち合わせメモ（ミニッツ）を作成する。大切なことミニッツを依頼者と確認することだ。オリエン内容の整理ができると同時に、相手とのコミュニケーションミスを防ぐことができる。また、ミニッツをそのまま社内スタッフや協力スタッフとの打ち合わせ資料にすることができる。

　ミニッツで忘れてならないのは次の段階（Next Step）で何を行うか、それはいつか、を明記することだ。

4 巧みな情報収集法を知る

企画書に信憑性と説得力を与えるのは正しい情報と、情報分析だ。情報を素早く、的確に収集する方法を考えよう。

ポイント1 得意先（依頼者）は情報を持っている

一般に、商品やサービス、ブランドなどについて得意先や依頼者の方が情報を持っていることが多い。ただオリエンテーションで情報をすべて開示してくれることはまれだ。相手のためになる提案をするという立場で、恐れることなく「これについてのデータはお持ちでしょうか？」と問いかけよう。それによって情報収集の手間が省けるし、それにかかる費用や時間も楽になる。また、それ以上に相手と同じ情報でコンセプトや戦略を考えることができる。

ポイント2 情報源をいつも身近に置く

すばやく情報を集めるためには普段から情報収集ルートを持つことを心がけること。航空関係の情報なら航空図書館へ行く。通販の企画なら通販協会や通販新聞に聞いてみる。チェーンストア関連なら日本チェーンストア協会が詳しいなど、どこを訪ねれば大まかな資料が手に入るかのルートを知っているだけで、作業はぐんと楽になる。また公官庁も協力的だ。はっきりと会社名と自

分の目的を言えば協力が得られることが多い。最近ではインターネットが便利だ。これを利用しない手はない。情報の入手ルートはもちろんだが、一般的な企画に必要な資料はほとんどインターネットで手に入る。ただ、情報量が多いために取捨選択には十分に気を付けたい。

　また、一見今の仕事に関係がなくても情報源のメモをとっておくと後で便利だ。PCに自分の情報源リストを作り、気が付いたら記入をする癖を付けよう。人脈リスト、商品関連リストなど、自分のビジネスに関連する項目でリストを作成するとよい。

　そのほか、街の看板、DMカタログ、展示会やショー、これらも重要な情報源だ。

ポイント 3 自分の足で調査する

　企画に厚みを持たせ、受け手に"受ける"情報の1つが自主調査だ。Web調査など費用をかけた調査もあるが、安上がりで効果的な方法もある。例えば新製品の開発提案だとしよう。ターゲットは20代女性とする。すぐに7～8人の社内の女性を集めてコンセプトについてのグループインタビューをしてみよう。半日もあればできてしまう。それをまとめてデータにするのだ。

　簡単な調査方法はほかにある。あなたとスタッフの2人で街頭アンケート調査をすることもできる。半日もあれば100サンプルぐらいは集まるだろう。社内アンケートも有効だ。自動車メーカーへの企画書なら客のふりをして競合ディーラーに行ってヒアリング調査をすることもできる。1日ぐらいは自分の足で調査をしてみるとよい。自分で調査をすればプレゼンテーションでも自信を持って、説得力のある説明ができる。

5 情報をむやみにつめこまない

情報は盛り込みすぎてはいけない。企画内容に本当に必要な情報だけを選び、情報内容をまとめて簡潔に示そう。

ポイント 1 情報の取捨選択

　企画書作りに慣れていないと情報を集めすぎてしまうことがよくある。また、情報集めに時間をかけすぎて、肝心の戦略部分や実行案作りの時間がなくなるということもある。たくさん情報があればよいというわけではない。この情報さえあれば受け手を説得できるというものがあれば、それだけでよい。「せっかく集めた情報だからこれも入れておこう。情報をたくさん集めたと評価してくれるだろう」などと考えるのはまちがいだ。

　マーケティングの場合なら必要なのは、①その商品やサービスに関しての基礎情報と関連情報（商品情報）②その商品やサービスの市場全体の動きあるいは流通に関する情報（マーケット情報）③ターゲットに関しての情報（消費者情報）④競合に関しての情報（競合情報）の4つだ。

　情報の中で説得力を持つのは調査データだ。数字で示された結果は納得が得られやすい。企画内容に直接関係する調査データがありそうならまずそれを優先する。

ポイント 2 ステートメントの作成

　情報が集まったら分類し、読込みを行い、分類ごとにステートメント（短い1文）にまとめる。

　ステートメントにまとめるとは、情報をそのまま書くことではない。消費者情報で「この種の商品の購買層では女性の20代、30代が60％を占める」「都市部のOLの需要が多い」「購入に当たってブランドよりも価格を一番重要に思っている」「一度にいくつかまとめて買い置きしておく傾向が強い」などという事実があればステートメントは次のようになる。

1．ターゲットは都市部に勤務する20代、30代OL
2．まとめ買いの傾向の強い商品で、価格が訴求ポイント

図 5-1　情報のステートメント化の事例

ターゲット分析

新商品のターゲットは女性20代～30代。
新商品のコンセプトは受容性が高い

1. 消費者調査から、女性20代～30代の購入が多い。
　　　　　　　　　　　　　　（20xx年　Web調査結果添付）
2. 女性層の商品知識は深く、素材の裏づけがなければ信用されない
　　　　　　　　　　　　　　（同WEb調査結果添付）
3. 新商品のコンセプトに関しては、20代～30代で異論はない
　　　　　　　　　　　　　　（グループインタビュー結果）
4. 購買頻度は月1回程度
　　　　　　　　　　　　　　（同グループインタビュー結果）

6 アイデアをひねり出す方法を知る

企画はアイデアだと言う人もいる。そのアイデアを出すためにはいくつかの方法論がある。正しい方法論を学んで、よいアイデアで勝負しよう。

ポイント 1 アイデア発想法のいろいろ

　発想法はたくさんある。(株)創造開発研究所では発想法や創造技法に長年取り組んできている。

　人間の脳の働きは認知・記憶・発散・収束・評価に分かれている。アイデアを発想するのはこのうち「発散思考」で、これを行うためには①判断延期（よい悪いの判断をすぐにしない）②自由奔放（奇抜な発言を歓迎する）③大量発想（質を考えずに大量に発想）④広角発想（多角的に発想する）⑤結合発展（他発想と結び付けて発想する）の5つのルールがある。このルールを守って発想すれば質も量も格段と高まる。

　発散思考を助ける方法が「発散技法」であり、大きく3種類に分けられる。ヒントなしで思い付くままに自由にアイデアを出す「自由連想法」、ヒントを基にして発想する「強制連想法」、そして課題としていることに本質的に似ているものを探し、それにヒントを得て発想する「類比発想法」だ。

　発散技法を知り、アイデアある企画書を書こう。

ポイント 2 代表的アイデア発想法

(1) ブレーンストーミング（ブレスト）

何人かとのディスカッションでアイデアを出し合う方法。ブレストにはルールがあるが、案外このルールが守られていない。

①他の人の発想に反対や批判をしない。

②テーマから自由に思い付くことを、何でもたくさん言う。

③他人のアイデアを発展させ、新しい発想をする。

できるだけリラックスできる環境で、誰かが進行役になって、まず参加者にルールを確認し、ルールを守りながらディスカッションを進める。時間は1時間から長くて2時間。できるだけアイデアを多く出すことが重要だ。出されたアイデアは誰かが書きとめておく。このブレストをカードを使って行う方法がカードブレストだ。口頭でアイデアを発表する替わりにカードに書いて順に出す。こうすると他の人に発想を妨げられないし、発想を整理するのにも便利だ。ぜひ試してみよう。

(2) チェックリスト法

チェックリストをヒントに発想する方法で、ヒントは何でもよい。有名なオズボーンチェックリストは次の9つを挙げている。

①ほかの利用法はないか？　②応用はきかないか？　③修正できるか？　④拡大できないか？　⑤縮小できないか？　⑥代用したらどうか？　⑦アレンジをし直せないか？　⑧逆は？　⑨組み合わせは？

このほかに、対象者を変えたらどうか？　エリアや季節性を変えられないか？　価格を変更するとどうなるか？　など自分なりのチェックリストを作っておくと便利だ。

7 "動いて" アイデアの ヒントを探す

私たちの身の回りにはたくさんのアイデア発想のヒントがある。アイデアのヒントに出会うタッチポイントを知ろう。

ポイント 1 外に出よう

　(株)創造開発研究所の調査では、アイデアを考えるのに適した場所として一番に「乗り物の中」が挙げられている。時には会社の机に座っているのをやめて、外を歩くとよい。哲学者カントは毎日決まった時間に郊外の小道を散策し、思考を重ねていたという。私の経験でも行き詰まったときに歩きながら考えて、アイデアを得たことが結構ある。会社を出て街中を歩こう。人々のファッション、売られている商品、看板やディスプレイなどにも思わぬヒントがある。書店で本や写真集を見る、見本市や講演に行く、また映画や演劇などからヒントが浮かぶかもしれない。

　また自然に触れることからアイデアが生まれることもある。

ポイント 2 メディアを利用しよう

　週刊誌を開いてみよう。たった1冊の週刊誌の中にも10以上のプレゼントなどのキャンペーンが掲載されているはずだ。新聞や新聞折込チラシ、電車の車内広告など、身のまわりには企画が溢れている。またインターネットのバナー広告ではさまざまな

キャンペーンが広告されているし、懸賞のサイトもある。時には テレビの早朝から深夜まで1日ビデオ録画をしてみるのもよい。 時間があるときにCMやテレビ通販などをじっくりと見ればキャンペーン情報がたくさんある。こうした他で実施されているアイデアをヒントにしよう。

どこにもないユニークなアイデアというものはなかなかない。物語の原型はほとんどギリシャ悲劇の中にあると言われているが、同様に企画アイデアの原型もすでにできあがっていることが多いのだ。それならば、すでにあるものにちょっとした味付けをしてみよう。これも新しいアイデアと言える。優秀な企画マンと呼ばれる人は多くの"原型"を"情報"として持っている人だ。また"原型の味付け"のうまい人とも言える。

ポイント 3 人と話そう、出会おう

職場の同僚や先輩・上司と積極的に語り合おう。何かヒントをもらえるはずだ。また友人知人たちと話すことも大切だ。思いもかけないヒントが得られることがある。特に外部の関係者や企画に関連ある専門家から意見が聞ければなおいいだろう。身近な人脈はアイデア探しの資産と言える。

仕事の領域が細分化されている現在、異業種の交流から思わぬアイデアが出てくることがある。例えば、生命保険会社のライフプランナーと学習塾が組んでの保護者のための教育費アドバイスなど、ターゲットやエリアなど共通項があれば異業種でも相互に協力できることは数多くある。

8 説得の手法を知る

企画書は相手が納得し、これを採用してみたいという気を起こさせなければならない。そのための説得の手法を学ぼう。

ポイント 1 複数メリットの組み合わせで説得

　企画を実行した結果のメリットは1つだけではなく、複数あると説得力を持つ。例えば、ロイヤリティを上げると同時にリピート購入にも結び付くCRMの企画とか、機能性が改善されると同時にコスト削減になるシステム改善提案、あるいはワークロードの低減を実現すると同時に利益率の向上に寄与するビジネスプランなどだ。問題解決を考える時に直面する問題だけでなく、その解決が他のメリットももたらさないかを考えて見よう。

ポイント 2 数値で説得

　売上げ、認知率、コストなど数値化できるものはできるだけ数値を入れる。目標販売金額10億円というように、具体的な数字を入れると、どうして達成できるのかという興味につながるし、目標達成の戦略が具体的であれば企画は採用される。また、戦略や実施計画にも数値での裏付けがあると断然信憑性が高くなる。

ポイント 3 調査結果で説得

　客観的評価はどんな場合でも重要な決定要因である。主観的要素が影響しやすい広告表現の提案などの場合、なかなか説得が難しいことがある。こんな時、ターゲット消費者を対象にしたコンセプトテストやCMテストを行いその結果を補足資料として提出するとよい。また戦略や実施計画を自分の経験と知識だけで説明しても受け手の納得が得られないことがあるが、こんな時にも調査データが役に立つ。

ポイント 4 過去の成功例で説得

　衣料品の季節ごとのクリアランスセール、車の春と秋のフェア、クリスマス商戦、バレンタイン商戦などは販売戦略の常識となっている。マーケティング戦略ではタイミングやエリア、ターゲットについて過去の類似例を参考にしよう。すでに消費者の間で常識となり、期待感を持たれている手法を利用しない手はない。また、キャンペーンの実施プランでも過去に成功している手法は今回も成功しやすいといえる。オリジナリティのある方法を考えることもいいが、オーソドックスな、これまで成功している手法を踏襲するのも実質的で安全だ。

ポイント 5 見せ方で説得

　企画書は商品だ。商品自体がクオリティの高いものであるなら、信頼性も高まる。読みやすい構成、わかりやすい図解、適切な補足や数字説明など、同じ内容でも見せ方で企画の印象が大きく違う。プレゼンテーションを行うならカラーで企画書を作るのは常識となっている。企画書の見せ方でも相手の納得度が違う。

9 5つの視点で見直す

企画書ができたら、何回か見直そう。企画書は商品だ。小さな間違いでも企画書の信憑性につながる。企画書は5つの視点で見直そう。

ポイント 1 事実誤認や誤記載はないか？

オリエン内容に沿っているかを、もう一度チェックしよう。さらにデータをもう一度チェックしよう。集計上でデータにミスはなかったか。自分の読み込みに過ちはないか。恣意的にデータを利用してないか。数字の読み込みミス、記載ミスはないかなどを見直す。よくあるミスは数字の記載ミスと計算ミスだ。また、データの出典を明記してあるかも忘れずにチェックする。

ポイント 2 論理は一貫して読みやすいか？

背景から目的、戦略、実行計画までが一貫しているか。また起承転結が明確か、文体の統一ができているか、強調すべき点がはっきりと強調されているか、文章が冗漫になっていないかなどをよく読み直す。ページ送りにも気を付けよう。できれば1つの項目については2ページに渡らないように同じページ内で収めたい。相手の立場に立った文章かもよく考えよう。

ポイント 3 表現上の間違いはないか？

　用語の間違いはないか。誤字脱字はないか。ページナンバーはきちんと入っているかなど細かい点まで見る。提出先の会社名の間違えなどというのは最悪だが、この段階まで企画の内容に集中してきたので、細かな点で必ず何かしら修正が出てくるはずだ。

　表現上のチェックをする際は、文意を追って読んではいけない。文字を追っていく。ワープロで企画書を作成すると変換ミスが必ずある。自分でチェックした後に第三者に文字のチェックを頼めるとよい。自分では気が付かない点があるものだ。

ポイント 4 内容にムリがない企画か？

　計画は実現可能か、スケジュールは問題ないか、実施できる余裕を持ったスケジュールか。費用の見積は安全圏の範囲内かなどをもう一度検討する。協力会社に実施を依頼することになっていれば、もう一度実施可能性の念押しをしておく。

　さらに、企画内容を裏付ける資料類に不備はないか、添付資料がきちんとまとめられているかもチェックする。

ポイント 5 受け手を説得できるか？

　これを自分で点検するのはなかなか難しい。上の1〜4までの作業が一段落したら第三者に企画書を一度読んでもらおう。そこで率直な意見を言ってもらう。第三者に問いかけてみよう「あなたが依頼者ならこれを採用しますか？」と。企画書は他人が見て理解できる明快さと説得力がなければ採用されない。身内が評価しないようなら提出できない。

10 プレゼンテーションの前後で気を抜かない

企画書ができあがったら、大切なのはプレゼンテーションだ。企画内容をいかに簡潔に説明できるかにより採用は左右される。そのための準備とフォローが大切である。

ポイント 1 誰がプレゼンテーターか

プレゼンテーションは企画書を作成した本人がプレゼンテーターになるのが原則だ。他人の書いた企画書を読んでも熱が入らないし、質問があっても的確に答えられない。しかし総合企画書のような時にはプレゼンテーターはパート分けして何人かでする場合もある。その場合もメインプレゼンテーターを1人決めておき、プレゼンテーションの半分ぐらいは1人で説明する。あまり多数の人が交代でプレゼンテーターになると、聞いている側は落ち着かない。声のトーンやしゃべり方も1人ひとり違うので聞いている方が集中できなくなる。

ポイント 2 リハーサル

リハーサルはできるだけプレゼン本番と同じ形で行い、プレゼンにかかる時間を確認しておく。1時間以内を目安にしよう。OHPやPCを使う場合は必ずリハーサルで使用し、スムーズにプレゼンを進められるかチェックしておこう。想定質問を考え、そ

れに対しての回答も準備する。リハーサルでは誰かに聞いてもらうと同時に、想定質問をしてもらおう。

相手先でプレゼンテーションをする場合は会場を事前に調べておく。双方が座る場所、プレゼンテーターが立つ位置、電源がどこにあるか、ホワイトボードのあるなしなどを前日までにはチェックする。

ポイント 3 プレゼンテーション当日の注意

1）時間厳守。10分前にはプレゼン場所に到着する
2）服装に気をくばる。清潔感のある服装にする
3）声や動作に注意。参加者すべてに聞こえる声で説明する
　　手や足をあまり動かさない。受け手が集中できなくなる
4）正しい話し方をする
5）目線をしっかりと。きょろきょろしない
6）相手に話しかける。ドキュメントを棒読しない

ポイント 4 フォローを忘れずに

依頼先への企画書提出＝プレゼンテーションが終わるとホッとして、「さあ、後は決定を待つだけだ！」となりがちだが、プレゼンの後のフォローを忘れてはならない。もし得意先から質問が出たり、何か疑問や、反論が出たなら、すぐにそれに対してのフォローをしなければならない。また、競合プレゼンなら、競合先はどんな企画を出し、得意先の反応はどうなのかを探ってみる。競合が自分達より優れている点があれば、すぐに追加の提案を作成して得意先に持ち込もう。もうプレゼンが終わったのに追加なんて……と考えてはいけない。

11 熱意を感じさせる

企画書作成に込めたあなたの熱意を相手に感じさせえよう。
熱意が共感を呼び、採用につながる。

ポイント 1 熱意は採用の重要ポイント

　私は外資系の広告会社に入って半年目に4社ほどの競合プレゼンに参加することになり、つたない英語ではじめての企画書を書いた。英国人数人を前にとつとつとした英語でプレゼンを行い、果たして結果はと危ぶんでいたが、幸運なことに得意先を獲得することができた。

　得意先の英国人の講評は「プレゼン内容では、御社より他の広告会社の方が評価点の高いところがあったが、あなたに特に熱意が感じられたので御社を選んだ。私は会社を選んだのではなく、あなたを信頼して選んだ。ぜひ一緒によい仕事をしたい」とのことだった。

　この例は特別かもしれないが、企画内容が同じ程度なら、決定者は相手の"熱意"や"やる気"で選択するはずだ。

ポイント 2 企画書に集中しよう

　実際、企画書ほどその人の資産や能力を評価できるものはない。情報収集力、人脈、分析力、創造性、論理性、実行力、文

章能力、表現力とたった1つの企画書から、あなたのことがほとんどわかってしまう。企画書を書くことに慣れていなければなかなかよい企画書はできない。しかしはじめのうちは誰でもパーフェクトな企画書など書けないのだ。大切なことはあなたの考えがしっかりと表現され、企画をぜひ実現したいという熱意を伝えられるかだ。企画書に気迫があるかどうかが大事なのだ。上司や得意先はあなたの能力を見る前に、あなたが現在の仕事にロイヤリティを持ち、100％自分を投入しようとしているか、そのことをまず評価する。そのためには決して手を抜いた企画書を作ってはならない。どんなに小さな案件でも、企画書作成のために持てる力のすべてを集中しよう。

ポイント 3 プレゼンテーションで熱意を伝える

きっちりと集中し、ディテールもしっかりと書き込んだ。これは自分でも自信がある企画書だと思っても、それだけで終わりではない。企画書にあなたがつぎ込んだ熱意を説明し、相手を納得させなくてはならない。プレゼンテーションだ。企画書を書くということは必ずといってよいほどプレゼンテーションがついてくる。プレゼンテーションでは他の誰でもない、あなたがスターだ。プレゼンテーションでいかに自分の書いた企画書をわかりやすく簡潔に説明できるかで採用の可否は大きく違ってくる。また、いかに熱意を持って、相手のために企画書を作成したか、どんなにこの企画書が役に立つのか、自信と気迫を持って伝えることが採用の決め手と言える。

12 戦略的妥協もしよう

企画書は採用されなければならない。そのためには時として妥協も必要になる。

ポイント1 企画採用の基準

　どんなによい企画書を書いても採用されるとは限らない。決定の基準は企画内容だけとは限らない。社内の企画書の場合、作成者のポジション、これまでの経験やノウハウなどのほか、企画段階での根回しや、時として決定者との人間関係なども企画採用に影響することがある。

　また。社外に対しての企画書の場合は、企画提出会社の規模や組織体制、実績などのほか、遂行能力や担当者の力量なども評価の基準とすることがある。

　このように熱意を込めて作成し、プレゼンをした企画でも必ずしも企画内容の良し悪しだけで決められていないのが現実だ。

　上記のような理由はなかなか企画書の作成者個人では解決が難しい問題である。社内ポジションは勝手に変えられないし、会社の規模や実績も変えられない。

　こうしたことを防ぐには、できるだけ事前に評価基準について確認をすることだ。経験を優先するなら、自分の経験でよいのか依頼者から言質をとっておく。会社の規模や実績に問題があるよ

うな競合プレゼンテーションなら、最初から参加しない方がよい。時には割り切りも大切だ。

ポイント 2 「戦略的妥協」も厭(いと)うな

　熱意を込めて、自信を持って書いた企画書に対して決定者である上司や得意先から修正などの依頼が来たら、あなたはどのように対応するのだろうか。もちろん、実行できないことを実施するように書き換えろというような意見に従う必要はない。また、明らかに修正することでデメリットが生じる場合はデータを示して相手の間違いを丁寧に説明しよう。それが相手への誠意だ。ただし、戦略や戦術上の相違については、正解はいくつもある場合があり、必ずしも相手の指摘が間違いということはない。

　こうした場合、賢い方法は、自分の意見を相手にはっきりと伝えながらも、後は黙って相手の意見を取り入れて修正することだ。この一線だけは譲れないということもあるかもしれないが、決定者はあなたではない。企画書は採用され、実行されなければ意味がないし、あなたの実績にもならない。抵抗すれば上司から厭われるかもしれないし、得意先から次の依頼が来なくなるかもしれない。

　あなたが企画という仕事が好きなら、企画を通して創造的な生き方をしようと思うなら、一歩引き下がり企画採用させることも必要だ。これを「戦略的妥協」と言う。

おわりに

　私が企画書を書き出した当時はパソコンがなく、鉛筆で下書きをし、提出するときは丁寧にボールペンで清書する。そんな時代でした。書いた企画書は紙で保存するしかなく、重要なものを除いて一定の期間で廃棄する運命でした。今考えるとずいぶんと大切な財産を捨てていたように思います。と言うのも、今でも使える企画がたくさんあったからです。今ではパソコンのおかげで簡単に保存して、再利用することができます。

　企画書や提案書はそれ自体が財産ですが、それらを書くことであなた自身も大きく成長します。長くビジネスの世界にいると、ちょっと会話をしているとその人が優秀かどうかわかります。話す内容がきちんと筋道だっていて、わかりやすいかどうかということ。それにプラスしてアイデアがあるかで判断できます。言い換えれば頭の構造がロジカルで、発想力があるかどうかということです。この能力を身に付けるためには企画書を書くことが一番だと思っています。話しているだけでは身に付きません。考えをまとめて文章にすることが必要です。企画書はロジックの積み上げであり、アイデアが必要です。企画書を書くことを繰り返すことで、ロジカルな頭の構造と、発想力が自然と身に付いてきます。ビジネス環境が厳しい中で生き残るために、ぜひ皆さんも企画書をたくさん書いて優秀なビジネスパーソンになってください。

　また、企画書は与えられたテーマに基づいて書くものだけでは

ありません。本当に必要とされているのは、身の回りの職場、商品・サービスなどの問題点や上司や得意先の悩みを知り、それに対して適切な解決の方法を提案することです。企画書になれてきたらぜひ積極的に問題を発掘し、自主的に企画書・提案書を書くようにしてください。それがあなたの評価につながります。

また、機会があれば他の人が書いた企画書をできるだけ多く見るようにしましょう。自分にない新しい発見があるかもしれません。特に最近ではパソコンを駆使したビジュアル的に綺麗な企画書もたくさんあります。見場のよさも企画書の重要な要素です。

最初の企画書の本を書いたのは7年ほど前のことでしたが、その時も正月休みを利用しての作業でした。仕事に追われているとどうしてもつい執筆を後回しにしてしまいます。この本を完成させるに当たっては、正月休みも返上してお付き合いいただいた日本能率協会マネジメントセンターの久保田章子さんに心から感謝を申し上げます。

2010年2月

齊藤　誠

MEMO

MEMO

著者略歴●

齊藤　誠（さいとう　まこと）

株式会社創造開発研究所　代表取締役社長

早稲田大学政治経済学部経済学科卒業。国内及び外資系広告会社に通算22年間勤務。その後マーケティングソリューションを提供する会社の取締役副社長を経て、現職。

創造性に基づく企業戦略の他、マーケティング全般、特にブランディング、広告・PR、ダイレクト・マーケティングを専門分野としている。また近年では地方自治体等での地域ブランド開発や観光マーケティングを実施している。

日本青少年キャリア教育協会理事、NPO法人こどもエコリテラシー協会理事、一般社団法人日本起業アイディア実現プロジェクト理事
著書に「知らずに身につく企画書・提案書の書き方」（日本実業出版社）「企画立案の教科書」（阪急コミュニケーションズ）　実践心理学講座「発想と企画の心理学」（朝倉書店）、監修に「心理誘導力トレーニング」（TAC出版）がある。

はじめの1冊！
まねして書ける企画書・提案書の作り方

2010年3月1日　初版第1刷発行
2020年12月10日　　第8刷発行

著　者——齊藤　誠　©2010 Makoto Saito
発 行 者——張　士洛
発 行 所——日本能率協会マネジメントセンター

〒103-6009　東京都中央区日本橋2-7-1　東京日本橋タワー
TEL　03(6362)4339(編集)／03(6362)4558(販売)
FAX　03(3272)8128(編集)／03(3272)8127(販売)
http://www.jmam.co.jp/

装　　　丁——松好那名(matt's work)
カバーイラスト——門川洋子
本文ＤＴＰ——株式会社マッドハウス
印　刷　所——広研印刷株式会社
製　本　所——ナショナル製本協同組合

本書の内容の一部または全部を無断で複写複製(コピー)することは、法律で認められた場合を除き、著作者および出版者の権利の侵害となりますので、あらかじめ小社あて許諾を求めてください。

ISBN978-4-8207-1764-5 C2034
落丁・乱丁はおとりかえします。
PRINTED IN JAPAN

JMAM 好評既刊図書

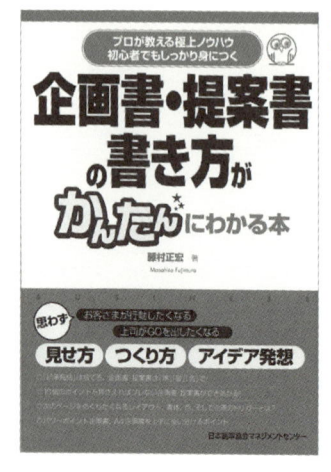

企画書・提案書の書き方がかんたんにわかる本

藤村正宏〔著〕

講演、コンサル、著作と引っ張りだこの著者が、相手が「実現したくて、いてもたってもいられなくなる」企画展開の方法から、「見せ方」、アイデアの出し方までを解説。A4一枚企画書・パワーポイント企画書でも思いのまま!

四六判192頁

ビジネス文書の書き方がかんたんにわかる本

日本能率協会マネジメントセンター〔編〕

報告書、申請書、企画書、案内状、詫び状など、社内・社外で必須となるビジネス文書の書き方とルールが、豊富な文例でやさしく理解できる。フォーマットを参考にすれば、そのまま文書を作成できる。

四六判264頁

JMAM 好評既刊図書

外資系コンサルが実践する資料作成の基本

パワーポイント、ワード、エクセルを使い分けて「伝える」→「動かす」王道70

吉澤準特〔著〕

外資系コンサルが教える、あたりまえだけどなかなか実践できていない、資料作成の基本スキルを、ステップごとに図解を交え解説。

A5判280頁

マンガでやさしくわかる資料作成の基本

吉澤準特〔著〕
葛城かえで〔シナリオ制作〕
もとむらえり〔作画〕

ロングセラーの『資料作成の基本』のマンガ版。ストーリーを通じて、資料作成を疑似体験しながら、そのノウハウを詳しく学べる。

A5判312頁

JMAM 好評既刊図書

敬語すらすら便利帳

今井登茂子〔著〕

本書では、型通りのいわゆる「敬語のきまり」ではなく、実際に生活で「使える」敬語フレーズを厳選。場面ごとに分けて、NG例とともに解説。「催促」、「お願い」、「抗議」など、伝え方が難しいニュアンスの「ものの言い方」も併せて紹介する。

四六判192頁

6ステップで職場が変わる!
業務改善ハンドブック

日本能率協会コンサルティング〔著〕

オフィスの業務改善の基本をまとめた、改善推進担当者、部門管理者必携の1冊。実際に使えるツールも豊富に紹介。

A5判280頁